Wolfgang Gramer

Neues aus der biblischen Schatzkiste Teil 4

Wolfgang Gramer

Neues aus der biblischen Schatzkiste Teil 4

Fromm Verlag

Imprint
Any brand names and product names mentioned in this book are subject to
trademark, brand or patent protection and are trademarks or registered
trademarks of their respective holders. The use of brand names, product
names, common names, trade names, product descriptions etc. even without
a particular marking in this work is in no way to be construed to mean that
such names may be regarded as unrestricted in respect of trademark and
brand protection legislation and could thus be used by anyone.

Publisher:
Fromm Verlag
is a trademark of
Dodo Books Indian Ocean Ltd. and OmniScriptum S.R.L publishing group

120 High Road, East Finchley, London, N2 9ED, United Kingdom
Str. Armeneasca 28/1, office 1, Chisinau MD-2012, Republic of Moldova,
Europe
Printed at: see last page
ISBN: 978-620-2-44219-0

Inhaltsverzeichnis

Vorwort

In Dankbarkeit für den Fromm-Verlag lege ich den vierten Teil der Biblischen Schatzkiste vor. Wiederum habe ich Artikel meines argentinischen Kollegen und Freundes Ariel Álvarez Valdés übersetzt, zusammengefasst und kommentiert. Er hat diese Artikel in seinen „Enigmas de la Biblia" veröffentlicht. Gerne hat er mir die Erlaubnis zur deutschen Publikation gegeben. Ich freue mich, seine Erkenntnisse dem deutschsprachigen Publikum in Kurzform zu präsentieren. So kann die Biblische Botschaft tiefer in uns eindringen und zum Lebensimpuls werden.

Im Anhang habe ich ein Stichwortverzeichnis geschrieben, dass sich auf alle vier Teile der Biblischen Schatzkiste bezieht und zum Nachschlagen einlädt.

Wolfgang Gramer

Am Tag der Hl. Martha (29. Juli 2022), die im Lukasevangelium (10,41) etwas gerügt wird, aber im Johannesvangelium (11,27) sich zur Auferstehung Jesu bekennt.

Die Großeltern Jesu

1) Um einen Menschen zu verstehen, muss man nicht unbedingt seine Großeltern kennen, wenn auch unsere Vorfahren uns beeinflussen.

Matthäus beginnt sein Evangelium mit einem **Stammbaum** Jesu (1,1-17): er umfasst **42 Personen** männlichen Geschlechts, aber Mt fügt auch **4 Frauen** ein – ungewöhnlich für die damalige Zeit.

2) Für Juden war der Stammbaum wichtig, um die **Reinheit der Rasse** zu bezeugen und sich die Rechte als Glied des Volkes Gottes zu sichern.

Wollte jemand **Priester** werden, musste er seinen Stammbaum bis auf Aaron, den Bruder des Mose, zurückführen. Ein **König** musste aus dem Geschlecht Davids sein. Wollte einer **heiraten**, musste er die jüdische Reinheit seiner Frau auf mindestens 5 Generationen zurückverfolgen können.

3) **Herodes** der Große wurde vom Volk immer gering geschätzt, weil er edomitisches Blut in seinen Adern hatte. Deshalb ließ er eines Tages die Archive der amtlichen Registrierung zerstören, damit niemand mehr in seinem Stammbaum forschen konnte.

4) Mt will in seinem Evangelium bezeugen, dass Jesus **trotz seiner Kreuzigung** der erwartete Messias ist. Deshalb beginnt er mit einem Stammbaum. Er orientiert ihn an den **drei** wichtigen Etappen der Geschichte Israels: 1. von Abraham bis David, 2. von David bis zur babylonischen Gefangenschaft, 3. von der babylonischen Gefangenschaft bis zu Josef, dem Vater Jesu.

Die erste Etappe zeigt unsere königliche **Würde** als Kinder Gottes, die zweite die Folge der **Ursünde** (Sein-wollen-wie Gott), die dritte, wie **Jesus** uns aus der Sklaverei **befreit**.

5) Mt führt **3x 14 Namen** auf; dabei nennt er für 430 Jahre nur 3 Namen (zwischen

Perez und Nachschon) und zwischen Salmon und Isai nur 2, obwohl es 3 Jahrhunderte sind. Es geht Mt nicht um exakte Historie, sondern um symbolische: 14 ist die Quersumme des Namen **„David"** (zweimal der 4. Konsonant des hebräischen Alphabetes und einmal der 6. - ergibt 14). **Jesus** ist sozusagen der **dreifache David.** Das drückt die Gemiatrie (hebräische Zahlensymbolik) aus.

6) Bemerkenswert sind die 4 genannten **Frauen** im Stammbaum Jesu. Im Jüdischen zählt die Frau nicht, siehe zB. die Brotvermehrung: 5000 Männer, ohne Frauen und Kinder (Mt 14,21). Jeder „gute" Jude dankte morgens Gott, dass er weder als Heide noch als Sklave noch als Frau geboren war. (Wieso bedachte er nicht, dass er nicht da wäre, hätte ihn nicht eine Frau geboren?!)

Welche 4 Frauen werden genannt: **Tamar** (>Inzest, Gen 38), **Rahab** (>Prostituierte, Jos 2), **Ruth** (>die fremde, ausgeschlossene Moabiterin, vgl. Deut 23,4) und zuletzt **Batseba** (>Ehebrecherin 2 Sam 11). Dies bedeutet: Jesus stammt aus menschlichem Elend. Er kennt also Liebe und Schmerz, Sünde und Freude. Jesus schämt sich keines Menschen.

Die 144 000 der Apokalypse

1) **Wie viele** werden gerettet? Jesus sagt keine Zahl auf diese Frage, sondern: „**Müht** euch durch die enge Pforte" (Lk 13,22-24). Nur in der Apokalypse werden zweimal 144 000 genannt (7,4 und 14,1). Da fragen wir: Gott müht sich doch so sehr in der Heilsgeschichte um den Menschen - und dann werden nur 144 000 gerettet?

2) **Zahlen** werden in der Bibel häufig **symbolisch** verstanden. Auch wir verstehen sie öfters symbolisch: „Schon 100x hab ich dir gesagt..." Wenn Adam 930 Jahre lebte, Noah 600 Jahre alt war, als die Sintflut begann, oder Methusalem mit 187 Jahren seinen Sohn Lamech zeugte, zeigt dies den reichen Segen Gottes über dem Leben eines Gerechten. Oder wie sollen 603 550 Männer (ohne Frauen und Kinder) gleichzeitig das Rote Meer kreuzen?

3) Wieder kommt uns die **Gemiatrie** zuhilfe. Die Quersumme der hebräischen Buchstaben für **„alle Kinder Israels"** ergibt 603 550. Spricht nun die Apk von 144 000, sind das 12x12x1000. 12=die 12 Stämme Israels, 12=die Apostel (es gab ja mehr!), 1000=Menge, also die erwählte Menge des Alten und des Neuen Bundes. Danach fügt der Verfasser an: Eine große **unzählbare** Menge aus jeder Nation, Rasse, Sprache..." (7,9). Das sind die Ersten, und es werden noch viele folgen (14,4). Also kein Problem für die 77 Mrd., die bisher die Erde bewohnten!

4) Durch Angst bekehrt sich niemand zur Liebe, vielmehr überwindet Liebe die Angst. Die Apk macht **keine** Angst, wie manche glauben und dann auch Angst einjagen wollen. Dagegen sagt Jesus: „Viele werden kommen..."(Mt 8,11). Selbst der Täufer sagt trotz seiner Drohpredigt: „**Alle** werden das Heil Gottes schauen" (Lk 3,6).

5) Bereits im Mittelalter wurde diese universale Sicht eingeschränkt, indem manche

nur das „Wenige" (Mt 7,14) sahen. Das steht natürlich da, aber als Appell. Das **Gericht** Gottes ist kein Verdammen, sondern ein Auf-**richten**. Wir alle dürfen mitwirken am Heil der Welt und gewiss sein, dass keine Tat der Liebe vergeblich ist, auch wenn letztlich alles „umsonst" = gratis ist, also Geschenk der Liebe Gottes.

Die sonnenbekleidete Frau der Apk

1) Viele **Marienstatuen** zeigen die Mutter Gottes mit der Mondsichel, einer Sternenkrone und Sonnenstrahlen, ob Lourdes, Luján, Guadalupe u.a. Sie orientieren sich alle an **Apk 12,1-6.** Dazu kommt der **Drache**, der die Frau bedrängt; sie gebiert ein Kind, das vor den Thron Gottes kommt, während sie in die Wüste flieht.

Jahrhunderte sahen in dieser Frau Maria. Aber warum schreit sie unter Geburtswehen? Wer ist mit dem „Rest ihrer Kinder" gemeint? Wieso kommt das Kind gleich in den Himmel?

In der Zeit, als die Apk entstand, verehrte man Maria noch nicht so sehr. Was hat sie mit den erwähnten Adlern zu tun? Die Verfolgung durch den Drachen ist den Evangelien unbekannt.

2) Die **Frau**, die da am Himmel erscheint, ist keine reale, sondern ein **„Zeichen"** (V.1). Immer, wenn in der Apk eine Frau erscheint, ist eine Stadt, ein Volk oder eine Menschengruppe gemeint. Die große Prostituierte (Kap. 17) symbolisiert Rom, die Braut vom Himmel (21,2) das Neue Jerusalem. So **symbolisiert** die Frau von Kap. 12 nicht Maria, sondern **das Volk Israel.**

3) Für die **Sterne** gibt Jesaia 60,20 den entscheidenden Hinweis, ebenso Hoheslied 6,10: die 12 Sterne verweisen auf die **12 Stämme** Israels; vgl. auch den Traum Josephs in Genesis 37,9.

Die schmerzenden **Geburtswehen** beziehen sich auf schwierige Situationen in der Geschichte Israels (Jes 26,17; 42,14; Micha 4,10). Dann erklärt sich auch, dass das **Kind** gleich in den Himmel kommt > ein Hinweis auf die **Auferstehung** des aus dem Volk Gottes stammenden Jesus: seine Geburt zum ewigen Leben.

Die Schmerzen der Gebärenden erinnern an die **Leiden** der ersten Jüngerinnen und Jünger Jesu (vgl. Joh 16, 21.22).

4) Die **Adlerflügel** der Frau erinnern an den Schutz Gottes für das Volk Israel, zB. beim Exodus (Ex 19,4) oder bei der Ankunft in Kanaan (Deut 32,11). Damit klärt sich auch die Flucht in die **Wüste**, ist sie doch der besondere Ort der Gottesbegegnung. Wie das Volk Gottes mit Manna gesättigt wurde, wird jetzt das Volk Gottes durch die Eucharistie gestärkt.

5) Der **rote Drache** mit den 7 Köpfen, den 7 Kronen und den 10 Hörnern symbolisiert den Tod, den Schmerz, das vergossene Blut. Die 7 Köpfe sind seine Intelligenz, die Kronen seine Autorität, die Hörner seine Kraft. Aber die 10 sagt: es ist **nur** eine menschliche Kraft, keine göttliche!
Jesus dagegen hat 7 Hörner > die göttliche Kraft. Darum trügt der Schein: Jesu Kraft ist stärker.
Der Drache meint keine historische Gestalt wie das Tier mit der Zahl 666 (Kaiser Nero), sondern das **Böse (12,9) an sich**, das dem Volk Gottes Leiden beschert > die 1260 Tage (12,6).

6) Die Apokalypse (vgl. Biblische Schatzkiste 1+2+3) entstand in einer Zeit schweren Leidens für die Kirche: Verfolgung, familiäre Spaltungen, soziale Diskriminierung. Aber Gott gibt seiner Kirche Adlerflügel und nährt sie mit der Eucharistie.
Gott verlässt nie seine Gemeinde (> Frau), die jeden Tag Geburtswehen erleidet, um eine bessere Welt ans Licht zu bringen.

Der Gott Abrahams

1) Um das Jahr 1800 v. Chr. lebte der Urahne des Volkes Gottes (Gen 12,1-3). Er erhielt in Sichem die Zusage des Landes (12,7) und in Betel ebenso (13,14.15). Er nannte Gott mit dem Namen Jahwe.

Doch nach dem Buch Exodus erfuhr erst Mose 600 Jahre später diesen Gottesnamen (3,1-15). Wer hat jetzt den Gottesnamen Jahwe als erster erfahren, Abraham oder Mose?

2) Abraham war Halbnomade. Er glaubte an Gott, hatte aber keinen Ort ihn anzubeten. Gott aber war **mit ihm** auf seinen Wanderungen. Er hatte keinen Namen außer „der Gott des Vaters Teraj". So verehrten auch seine Nachkommen den Gott ihres jeweiligen Vaters.

Deshalb gab es auch weder Priester noch Kultorte. Man opferte ein Tier, bevor man weiterzog zu neuen Weideflächen. Als Ritus bestrich man gern mit **Blut** die Pfosten der Zelte, um böse Geister abzuwehren. Ging der Weidegrund zu Ende, opferte man nochmals ein kleines Tier, bevor man weiterzog.

3) Als Abraham nach Kanaan kam, lernte er den Gott **EL** der Kanaaniter kennen. Dieser hatte feste Kultstätten. EL hatte Himmel und Erde erschaffen. EL war höchst mächtig. Aber er hatte einen Nachteil: er war **weit weg** von den Menschen. Er war nicht bei ihren kleinen Alltagsproblemen, wie es für Abraham „der Vater seines Vaters" gewesen war. Er war nicht ein heimischer Gott, er war ein transzendenter. Je nach Kultort trug er auch einen anderen Namen.

4) Mit der Zeit **vermischten** sich beide Gottesvorstellungen, und die Patriarchen begannen, den Gott der Väter mit dem EL zu verknüpfen. So wurde Gott ein **ferner** und zugleich ein **naher** und familiärer.

5) **Mose** machte dann Jahrhunderte später die Erfahrung, dass Gott auch ein **befreiender** ist und aus der Sklaverei herausführt. Gott hatte jetzt eine **dreifache** Dimension: 1. nahe und beschützend, 2. fern und erschaffend, 3. mit Zukunft.

6) Zwei Jahrhunderte später zur Zeit Salomos hatten die biblischen Verfasser keinen Zweifel daran, den Gott Jahwe des Mose bereits Abraham zuzuordnen, auch wenn Abraham diesen Namen Gottes noch nicht gekannt hatte.

7) Zuerst waren die Israeliten keine Monotheisten. Sie wussten um den Gott der Kanaaniter, den der Moabiter, den der Babylonier und den der Ägypter, auch wenn sie nur Jahwe anbeteten.

Als nach der Katastrophe 587 v. Chr. viele Juden nach Babylon verschleppt wurden, lernten sie dort den Gott **Marduk** näher kennen und staunten über den Reichtum der Babylonier, den diese ihrem Gott Marduk verdankten.

Hier nun, im traurigen Exil, reifte der Gedanke, dass es nur **einen** Gott gibt, nämlich Jahwe. Er regiert die ganze Welt und sorgt sich zugleich um jeden einzelnen Menschen. Der zweite Jesaia (Jes 40-54) vertritt diesen alleinigen Gott (Jes 44,6; 43,10;45,5;41,29).

8) Es hat viele Jahrhunderte gedauert, bis Israel das Antlitz Gottes entdecken durfte.

Hat Gott den Hiob mit Krankheiten gequält?

1) Die Gestalt des Hiob drückt die **Ergebenheit** in Gottes unerforschlichen Willen mit seinem ganzen Wesen aus. Seine Geduld scheint grenzenlos.

Aber in keinem anderen biblischen Buch wird Gott so **angeklagt** wie im Buch Hiob. Wie bringen wir das zusammen?

2) Das Buch Hiob will uns über den **Schmerz** und das **Leid** unterweisen. Dazu unterscheiden wir mehrere **Etappen** im Verständnis des Volkes Israel.

Zuerst glaubte Israel, dass mit dem Tod alles aufhört. Kein Gedanke einer Auferstehung! Deshalb war Israel überzeugt, dass Gott die Guten **belohnt** und die Bösen **bestraft** – und zwar in diesem Leben.

Weil aber jeder Mensch nicht nur Einzelwesen ist, sondern „korporative Persönlichkeit", zeigt sich Gottes Wirken mit Belohnung oder Strafe in der Familie oder Gruppe (Ex 20,5.6; 34,7; Num 14,18; Deut 5,9). Auch in Abrahams Verhandeln mit Gott wegen Sodoma und Gomorrha zeigt sich dies (Gen 18,23-32) oder in der Sintflutgeschichte (Gen 6,8.18).

Wenn dann ein Unschuldiger litt, sagte man: du bezahlst die Schuld deines Vaters, Großvaters oder eines anderen Familienmitgliedes. Ging es aber einem Bösen gut, sagte man: Gott segnet ihn im Blick auf einen Vorfahren.

3) Im 7. Jh. v. Chr. **ändert** sich diese Überzeugung. Man empfindet sie als ungerecht. Der Prophet Jeremia fragt Gott, warum es den Bösen gut geht (12,1).

Im Katastrophenjahr 587 werden die Theologen davon überzeugt: Gott kann nicht die Einen leiden lassen durch die Schuld der Anderen.

4) So beginnt der Prophet **Ezechiel** mit einer revolutionären These: Gott rechnet nie die Schuld der Vorfahren auf. Jeder wird gesegnet oder gestraft durch **seine eigenen**

Taten (Kap. 12 und 18). Ezechiel beendet so die „korporative Persönlichkeit" und verweist auf die **persönliche** Verantwortung.

5) Mit der Zeit genügt dies nicht mehr. Man sieht, dass es den **Bösen** oft gut geht und den **Guten** schlecht. Man sieht das Leid unschuldiger Kinder und verlassener Witwen. Man sieht, wie viele in der Armut menschlich verkommen. Dies wiegt umso mehr, als man ja noch kein Leben nach dem Tod kennt, wo möglicherweise ein Ausgleich stattfindet.

6) Im 5. Jh. verfasst ein uns **unbekannter Autor** das Buch Hiob. In ihm protestiert er gegen die traditionellen Theologen, wenn sie sagen: 'Prüfe dein Leben! Sicher hast du einmal irgendeine Sünde begangen, dass du jetzt so leidest.' Dagegen zeichnet unser Autor die Gestalt eines gerechten Hiob. Sein „Held" wird von Gott mit schlimmen Prüfungen und Strafen gequält, aber Hiob erträgt alles in Geduld und Ergebenheit. Schließlich wird er von Gott doppelt belohnt. Entspricht dieses Bild unserer Erfahrung?

7) Dieser Hiob ist zu schön, um wahr zu sein. So beschließt der Autor – vermutlich hat er eine Vorlage mit Kap. 1, 2 und 42 -, Hiob selber sprechen zu lassen. Dies ergibt eine lange Liste von **Protesten und Klagen Hiobs** über das Unrecht, das er erleidet. So haben wir im heutigen Buch Hiob eigentlich **zwei** Hiobs: den ergebenen und den protestierenden.
Drei Freunde werden eingeführt, die den kranken und aussätzigen Hiob besuchen. Er schweigt 7 Tage lang, dann legt er los, verflucht den Tag seiner Geburt, verflucht seine Eltern und klagt schließlich Gott an.

8) Hiobs Freunde wollen ihn **überzeugen**, dass er selbst im Unrecht, Gott aber im Recht ist. Irgendwas muss er doch verbrochen haben, sonst ginge es ihm jetzt nicht so schlecht. Damit repräsentieren die drei Freunde die **offizielle** Theologie, die bis dahin

gilt und auch die gängige Meinung der Leute ist.

Dagegen legt der Autor **seine** Sicht in Hiobs **Mund**. Er klagt Gott an, der an diesem furchtbaren menschlichen Leid wohl seine Freude hat, der kein Gebet hört und wohl auf Seite der Bösen steht. Gott ist für ihn **weder** gütig noch weise noch heilig. **Nie** zuvor hat jemand gewagt, solch Schlimmes von Gott zu schreiben.

9) Weil der Autor aber auch keine Antwort weiß auf die bedrängenden Fragen Hiobs, verlegt er eine Reihe von **unbeantworteten** Fragen in den **Mund Gottes**. Auf diese Weise sagt er wenigstens, dass nicht immer Sünden für das Leid verantwortlich sind, weil auch Gute leiden müssen. Er zeigt so ganz klar: auf das **Warum** gibt es **keine** Antwort. Dies liegt im Geheimnis Gottes.

10) Damit ist ein späterer Autor nicht zufrieden. Er fügt einen **4. Freund** hinzu: Elihu. Dieser will einen **positiven** Sinn des Leides aufzeigen: es dient dem Wachsen und **Reifen** des Menschen. Jeder Schmerz will uns etwas **lehren**: er reinigt und heiligt uns.

11) Bemerkenswert ist **42,5:** Hiob erhält keine Antwort, sagt aber, dass er jetzt **Gott geschaut** habe. Keine Antwort, aber ein tiefer Blick in das Geheimnis Gottes nach all den Auseinandersetzungen. Vor der Größe Gottes gibt es letztlich nur das **Verstummen**. Es bleibt die Gewissheit, die Hans Küng einmal so formuliert hat: „Gottes Liebe bewahrt nicht **vor** allem Leid, sie bewahrt aber **in** allem Leid."

12) Ja, Jesus wird dann zeigen, dass Gott weder Krankheit noch Leid schickt, er erlaubt auch keine Prüfungen. Leid ist durch **Menschen** verursacht oder dadurch, dass wir eingebunden sind in den **unermesslichen** Kosmos mit all seinen Herausforderungen an uns. So macht Leid im Letzten **solidarisch**.

Eine Kraft freilich kann den Schmerz lösen: **die Liebe**. Sie ist die einzige Antwort, die uns möglich ist, denn sie ruft uns, dem Leidenden beizustehen, auch wo wir nichts

verstehen. Diese Liebe ist **keine theoretische** Antwort, aber ein **praktischer Weg.**
Dabei stärken uns die Zeichen Jesu: seine Heilungen. Sie zeigen ganz klar, was Gott will:
das **Heil des Menschen.**

Gab es bei Jesu Tod ein Erdbeben?

1) Nach Mt 27 gab es am Karfreitag des Jahres 30 von 12 h bis 15 h eine **Finsternis**, um 15 h ein **Erdbeben**: **Felsen** spalteten sich, **Gräber** öffneten sich, **Verstorbene** standen auf und erschienen vielen in der Stadt. Schauen wir diese 5 Ereignisse an:

1. **Finsternis**: 750 Jahre vor Jesus tritt in Samaria der Prophet **Amos** auf und wettert gegen Unrecht und Korruption wie gegen den Tempelkult. Er prophezeit einen Tag, an dem Gott intervenieren wird. An diesem Tag wird es dann eine Finsternis geben (Am 8,9). Die Leute sprechen deshalb vom Tag Jahwes.
Anm.: Eine Sonnenfinsternis wird es vor dem Tod Jesu nicht gewesen sein, denn die gibt es laut Astronomie nicht bei Vollmond.

2. **Erdbeben**: der Prophet **Jesaia** tritt kurz vor Amos auf und wettert gegen die Politik der falschen Kriegsbündnisse, gegen mangelndes Gottvertrauen, gegen Habgier, Heuchelei und soziales Unrecht. Darum wird am Tag Jahwes die Erde erbeben (2,10). Dreimal wiederholt Jesaia diese Ankündigung (Verse 10, 19 und 21).

3. **Spaltende Felsen**: Nach der Rückkehr aus der babylonischen Gefangenschaft herrscht ein großer Egoismus im Land. Falsche Propheten treten auf. Dagegen erhebt sich Deutero-**Sacharja** (Sach 9-12). Er ruft auf, das Herz zu reinigen, denn am Tag Jahwes werden die Felsen vom Ölberg sich spalten (14,9).

4. **Gräber öffnen sich**: 3 Jahrhunderte vor Deutero-Sacharja tritt **Ezechiel** auf. Er spricht ermutigend zu den verängstigten Juden und kündigt eine neue Epoche an. Es wird einen neuen Bund geben (Kap. 37). Ein Herz aus Fleisch löst das aus Stein ab. Knochen werden lebendig, Gräber öffnen sich (37,12), Gefangene kehren heim.

5. **Verstorbene wandeln**: Antiochus, König von Syrien, eröffnet eine blutige Verfolgung gegen die Juden. **Daniel** schreibt sein Buch und versichert, dass Gott schon das Ende der Verfolgung im Blick hat. Der König stirbt, das Reich Gottes beginnt. Als Zeichen, dass es wirklich so weit ist, werden viele Verstorbene wach (Dan 12,2).

2) Wir sehen, dass 5 Propheten Zeichen angesprochen haben, um den Tag Jahwes zu kennzeichnen. **Mt** sieht in Jesu **Auferstehung** diese Verheißungen erfüllt. Er schreibt ja für Judenchristen, die um diese Zeichen wissen. Mt hat Jesus Ähnliches andeuten lassen in seiner Rede über Ende der Welt (Mt 24,29.30).

3) Das Reich Gottes ist das Reich der **Gerechtigkeit** , der **Liebe** und des **Friedens**. Dieses Reich wird sich durchsetzen.

Die Sünde der Sodomiter

1) Eine der schlimmsten Strafen, von denen die Bibel erzählt, ist jene, die die Stadt **Sodom** erlitt. Gott lässt **Feuer** vom Himmel regnen, und in ein paar Minuten ist die ganze Stadt mit all ihren Bewohnern zerstört. Was war ihre Schuld?

2) Abrahams Neffe **Lot** lädt zwei Kundschafter ein, die Sodoms Sünde untersuchen sollen (Gen 19). Alle anderen Bewohner **missachten** die Fremden, Lot dagegen lädt sie zum Essen und Übernachten ein.
In der Nacht rotten sich die Bewohner Sodoms zusammen. Schreiend verlangen sie von Lot, die Fremden zu **homosexuellen** Praktiken freizugeben. In seiner Not versucht Lot sie zu besänftigen und bietet ihnen zwei seiner Töchter an.

3) Da intervenieren die Kundschafter. Sie lassen alle außerhalb des Hauses **blind** werden. Da merkt Lot, dass es göttliche Boten sind. Sie führen Lots Familie aus der Stadt hinaus mit der Weisung, sich nicht umzudrehen. So gelangen sie nach Zoar. Dann lässt Gott Feuer vom Himmel fallen und zerstört die Städte **Sodom und Gomorra.**
Lots Frau hält sich nicht an das Verbot; sie dreht sich um und erstarrt zur Salzsäule.

4) Die Geschichte ist eine **Legende** und hat wie alle Legenden eine **Botschaft**. Sodom befindet sich in einer unwirtlichen Gegend südlich des Toten Meeres. Erdbeben und andere seismische Bewegungen sind üblich. Der Erdboden ist mit leicht entzündlichem Teer bedeckt. Es gibt Salzformationen, die menschenähnlich sind. Für Israel muss diese Gegend im Heiligen Land durch eine Sünde der Bewohner entstanden sein. Aber welche?

5) Homosexualität kann es kaum gewesen sein. **Alle** Bewohner, Frauen wie Männer, versammeln sich vor Lots Haus. Wieso will Lot seine **Töchter** ausliefern, die doch

Männern von Sodom versprochen sind? Schließlich erwähnt die Bibel öfters Sodom, aber **nie** im Zusammenhang mit Homosexualität.

6) **Jesaia** (Kap. 1;3) erinnert im 8. Jh. an Sodoms Sünde: künstlicher Kult, Unterdrückung der Armen, Korruption der Richter.

Jeremia spricht 1 Jh. später von Ehebruch, fehlender Treue, Lüge (23,14).

Ezechiel nennt im 6. Jh. Hochmut, Prasserei, Gräueltaten gegenüber Armen (16,49.50).

Der **Prediger** des 2. Jh. spricht von Überheblickeit und der apokryphe 3. Makkabäer von Arroganz.

Ergo: In keinem biblischen Buch wird Sodom mit Homosexualität gleichgesetzt.

7) Im 2. Jh.v.Chr. zeichnet sich ein **Wandel** ab. Die Juden kontaktieren mehr griechische Städte, wo Homophilie gesellschaftlich akzeptiert ist. Das provoziert sie. So erscheinen in spätjüdischen Apokryphen mehr und mehr kritische Stimmen.

Flavius Josephus spricht dann ausdrücklich von **Sodomie**. Am Ende des 1.Jh.v.Chr. verbindet man die Sünde Sodoms generell mit Homosexualität. Diese Sicht übernimmt dann auch das Christentum, obwohl das NT meist anders spricht.

8) **Im NT** (Mt 10 und 11; Lk 10,17; 2 Petr 2; Apk 11) wird Sodom nicht präzisiert, nur in Judas 7: hier geht es in der Tat um sexuelle Vereinigung, aber mit Wesen anderer Art.

9) Heute sehen wir: die Sünde Sodoms bestand in der **fehlenden Gastfreundschaft**. Sie war in Israel vorrangig: Jes 58,7; Hiob 31,32; Ps 39,13. Sogar die Prostituierte Rahab wird verschont, weil sie Gastfreundschaft gewährte (Jos 6,22-25).

Auch Lot gewährte den Fremden Gastfreundschaft im Gegensatz zu den andern Sodomiten. Auch das Buch **Richter** erzählt etwas Ähnliches (19 und 20). Das Buch der **Weisheit** bestätigt Sodoms Sünde als fehlende Gastfreundschaft (19,13).

Selbst **Jesus** spricht von der Bedeutung der Gastfreundschaft (Mt 10,11-15).

10) Wir sehen: Sodom wurde zerstört, weil es sich an einer zentralen Haltung des jüdischen Glaubens versündigte, nämlich der Gastfreundschaft. Schauen wir in unsere Welt, dann sehen wir die Aktualität dieser Sünde weltweit: verwahrloste Kinder wie Alte, Migranten, Obdachlose, Arbeitslose...
Der **Weltenrichter** in Mt 25,35 spricht eindrücklich von der geglückten Gastfreundschaft.

Wurde Salomo wegen seiner Frauen von Gott gestraft?

1) Die Bibel erzählt (1 Kön 11), König Salomo hätte 7000 Ehefrauen und 300 Konkubinen gehabt. Problem ist nicht nur die Anzahl, sondern auch, dass darunter Frauen der Nachbarvölker waren (Moab, Amon, Edom, Sidon und sogar eine Tochter des ägyptischen Pharao). Diese Frauen wollten natürlich auch **ihre Götter** verehren. Darum baute Salomo auch Tempel und Kultstätten jener Gottheiten. Ein Skandal für Israel!

2) So drohte Jahwe eines Tages Salomo an, das Reich Israel nach seinem Tod **aufzuteilen** in zwei Teile (1 Kön 11,11): zwischen Rehabeam, seinem Sohn und Nachfolger, und dem aufständischen Jerobeam. Aus dem einigen Königreich Davids wurden das Nordreich (10 Stämme) und das Südreich (2 Stämme). War dies nun eine Strafe Gottes?

3) Das Königreich Israel war unter **Saul**, dem ersten König, entstanden, um das Volk vor allem den Philistern gegenüber zu verteidigen. Das Volk unterhielt auch diese Verteidigung. Unter **David** entstand dann ein Berufsheer. Alle umgebenden Feinde wurden besiegt.

4) Als **Salomo** den Thron besteigt, herrscht Friede. Da fragt sich das Volk: Warum sollen wir den Staatsapparat weiterhin finanzieren?
Salomo kommt auf die Idee, den Tribut des Volkes **umzuwandeln** in religiöse Bauten. So baut er in 7 Jahren den **Tempel** mit all seinen Nebenbauten. Ebenso in 13 Jahren den **Palast** für die vielen Frauen! 180 000 Arbeiter unterstanden 3300 Bauleitern. 15000 kg Gold wurden für Tempel und Palast aufgewendet. Die armen Bauern mussten für die gesamte Ernährung aufkommen!

5) Als Salomo den **Seehandel** begann, vergrößerten sich die Schulden. Nur die Nordprovinzen mussten zahlen. Salomo **verschuldete** das Land wahnsinnig gegenüber dem König von Tyros, der das Holz lieferte. Salomo übergab ihm dafür 20 galiläische Städte. Dazu mussten 1400 Streitwagen und 12000 Pferde finanziert werden, außerdem die Kultstätten seiner Frauen!

6) 40 Jahre blutete das Volk Israel wegen Salomos aufwendigem Bauen und Treiben. Nie gab es eine solche **Armut** im Volk wie in dieser Zeit.

7) Als Salomos Sohn so weitermachen wollte, **rebellierte** das Nordreich gegen den Süden. Nicht Gott hat hier strafend eingegriffen, sondern das Volk selbst.
Der Autor der Königsbücher freilich sieht die Schuld in der Unterstützung fremder Gottheiten und bezeichnet das als Strafe Gottes, was in Wirklichkeit Ausbeutung und die darauf folgende Rebellion war.
Gott leidet, wenn der Mensch leidet. Das macht Jesus dann vollends deutlich in seinem Leben, Leiden und Sterben (Mt 25, 40).

Verfluchte Noah seinen Sohn?

1) Noahs Sohn Cham erlebt eine schreckliche Verfluchung, als er den betrunkenen Vater nackt sieht und dies seinen Brüdern erzählt. Worin besteht seine Sünde?

2) Gen 9 schildert, wie Noah als Landwirt Reben anpflanzt. Woher hat er diese nach der Sintflut? Der Autor möchte sagen, dass der **Fluch**, der seit der Vertreibung aus dem Paradies auf der Erde liegt, aufgehoben ist. Die Sintflut hat die Erde gereinigt (Gen 8,21.22). Dafür steht die **Rebe**, die nobelste der biblischen Pflanzen.

3) Adam hat Leid und Unfruchtbarkeit in der Welt erzeugt. Noah dagegen bringt Trost und Erleichterung (Noah=Tröster). Damit sagt der Autor: Ist jemand gut wie Noah, bringt er das Gute in die Welt.

4) Warum verflucht Noah dann, als er erwacht, die Nachkommen Chams, also die Kanaanäer? Cham sieht die Nacktheit des Vaters. Lev 18,8.9.15 erklärt: die Nacktheit des Vaters ist seine Ehefrau, die Nacktheit des Bruders ist seine Ehefrau. Cham hatte also **sexuelle** Beziehungen mit seiner Mutter.

5) Als Noah durch Chams Brüder erfährt, dass dieser **Inzest** begangen hat, verflucht er ihn. Wen? Nicht Cham, sondern seinen Enkel Kanaan, der ja Produkt des Inzestes ist. Cham hatte seine Brüder nicht nur informiert, sondern animiert, dasselbe zu tun. Sie aber sahen nicht die Nacktheit des Vaters, dh. sie ließen sich nicht zum Inzest verleiten. Darum segnet sie dann auch der Vater.

6) Die Geschichte hat einen **politischen** Aspekt. **Sem** repräsentiert die Semiten, **Cham** die Kanaanäer, **Japhet** die Philister. Nie konnte Israel die Philister beherrschen, die zur gleichen Zeit wie Israel ins Land gekommen waren – nur von Westen her, Israel

dagegen von Osten. Wem hatte nun Gott das Gelobte Land verheißen?

Israel erkannte mit der Zeit, dass Gott beiden Völkern das Land verheißen hatte. Nur Cham wurde verflucht, dh. die Kanaanäer wurden von Semiten wie Philistern besetzt. Das war die politische Antwort auf die Versklavung der Kanaanäer und das Überleben der Philister.

7) Es gibt eine Parallele zu den verhassten Nachbarn Israels im Osten: den Ammonitern und den Moabitern (Gen 19,30-38). Diesmal sind es die **Töchter** Lots. Durch Inzest wiederum mit dem betrunkenen Vater werden die Stammväter der Moabiter und Ammoniter geboren. Wiederum geht es um ein politisches Ziel.

8) Jesus kam, um uns von jeder Sklaverei zu befreien. Er sagt uns die Freiheit der Kinder Gottes zu und garantiert sie durch sein Leben und Sterben.

Wer waren die 7 Diakone der Urkirche?

1) Kurz nach Jesu Tod gab es in der Jerusalemer Urgemeinde einen heftigen **Konflikt**. Auf der einen Seite waren die „Hebräer", auf der der anderen die „Hellenisten". Die Hebräer hielten sich noch stark an die jüdischen Vorschriften, ebenso die sog. „Zwölf"; die **Hellenisten** waren dagegen offener. Sie waren von auswärtigen Ländern nach Judäa gekommen; ihre Muttersprache war griechisch. Tempel und mosaisches Gesetz spielten für sie keine strikte Rolle. Dies führte zu **Spannungen**.

2) Lukas berichtet in der Apostelgeschichte von der Urkirche. Zunächst scheint es, als herrsche eitel Sonnenschein in der Gemeinde und große Einigkeit, auch tatkräftige Sorge um die Armen. Lukas schwächt den Konflikt ab, indem er nur einige Witwen benennt, die sich offensichtlich beklagen, vernachlässigt zu werden.

3) In Wirklichkeit wollen die Hellenisten eine **eigene** Gruppe schaffen, die autonom und unabhängig ist. Die Zahl 7 weist darauf hin, gab es doch 70 Heidenvölker nach damaliger Zählung (vgl. Gen 10). Die 7 bedeutet die Universalität der Heiden wie die 12 für die Stämme Israels steht. Die 7 sind ausgezeichnet durch „guten Ruf, voll des Hl. Geistes und großer Weisheit." Braucht man dies alles für einen schlichten Tischdienst? Wohl kaum.

4) Wir sehen: diese 7 sind zwar um die Witwen besorgt, aber sie **predigen** auch, diskutieren und vollbringen Wunder wie die „Zwölf". Stephanus rechtfertigt sich vor seiner Steinigung mit großer Weisheit. Philippus (der Diakon, nicht der Apostel!) missioniert Samaria und bekehrt ebenso einen berühmten Magier wie einen hohen äthiopischen Funktionär.

Wir sehen: Die 7 waren Propheten, Charismatiker, Missionare und Wundertäter. Sie haben mit der jüdischen Tradition **gebrochen**, deshalb wurden sie vom offiziellen Judentum verfolgt. Stephanus ist das berühmteste Beispiel. Viele flohen nach Norden und richteten sich in Antiochia ein. Dort gesellte sich auch Paulus zu ihnen durch Vermittlung des Barnabas.

5) Das harmonische Bild des Lukas in der Apostelgeschichte zeigt in Wahrheit **Risse** und Brüche. Die „Zwölf" etwa werden in den Evangelien als Menschen mit wenig Glauben dargestellt, ja, sie sind eifersüchtig, intolerant, nachtragend und ängstlich – eine lange Liste von Untreue und Sünde.

Ist das nicht auch **heute** so? Missbrauch, Habgier, Unehrlichkeit... Deshalb gilt nach wie vor Jesu Wort der Seligpreisungen: „Selig, die reinen Herzens sind" (d.h. authentisch)!

Die Jüngerinnen Jesu

1) Das Judentum sah es als skandalös an, wenn ein Rabbi Frauen unterrichtete oder gar in seiner Jüngerschar hatte.

2) Im Markusevangelium begleiten Jesus nur Männer. Erst bei der Kreuzigung erwähnt er Frauen (15,40.41). Er sagt aber: sie **folgten** Jesus – und das ist ein typisches Nachfolgewort. Dies macht die Qualität eines Jüngers aus.
Wer ihm nachfolgt, folgt ihm wirklich, nicht nur geistig. Er verlässt alles. Darum ruft Jesus nicht in eine Schule oder entlässt nach der Unterweisung wieder nach Hause. Wer ihm nachfolgt, verlässt **alles** Vorherige. Also folgten jene Frauen ihm wirklich.

3) Die Frauen **dienten** ihm: das aber meint nicht die Küche, sie dienen dem Wort und seiner Verkündigung, sie heilen Kranke und treiben Dämonen aus.
Diese Frauen stammten aus Galiläa und gingen mit Jesus bis zu seinem Tod in Jerusalem.

4) Warum offenbart Markus **erst** nach dem Tod Jesu diese Jüngerinnen? Vermutlich, weil es **skandalös** war. Aber er verschweigt nicht die Präsenz der Frauen bei Tod und Auferstehung Jesu und nennt drei mit **Namen: Maria Magdalena, Maria** (Mutter von Jakobus dem Jüngeren und Joses – oder Joseph) und **Salome** (15,40).
Auch **Matthäus** erwähnt diese drei Frauen namentlich (27,55.56), weiß aber wohl nicht, dass die Mutter der Zebedäussöhne Salome heißt.

5) **Lukas** nennt eine **Gruppe** von Frauen ausdrücklich **„Begleiterinnen"** Jesu, darunter drei namentlich: **Maria Magdalena, Johanna** (die Frau des Chuzas) und **Susanna** (8,2.3). Die Männer wie die Frauen sind durch „und" verbunden, haben also **dieselbe** Bedeutung. Lukas sagt sogar, die Frauen hätten mit ihren Gütern die ganze Gruppe

auch **ökonomisch** begleitet. Er erwähnt ausdrücklich Johanna, die Frau des Chuzas. Dieser war Administrator des Herodes Antipas, des Herrschers von Galiläa. Jesus verstand sich nicht gut mit diesem Herodes und nennt ihn „Fuchs" (Lk 31,31f.). Außerdem hatte Herodes die Enthauptung des Täufers auf dem Gewissen.

Wir wissen nicht, ob Herodes von dieser Jüngerschaft Johannas erfahren hat und eventuell Chuzas dafür entlassen oder sonstwie bestraft hat. Johanna blieb jedenfalls Jesus treu bis zum Schluss.

6) Haben diese Frauen, die 5x in den Evangelien erwähnt werden, **dieselben** privaten Unterweisungen bekommen wie die Männer? In jüdischen Kreisen wäre dies unmöglich gewesen. Für einen Rabbiner war klar: „Lieber das Buch des Gesetzes (Thora) verbrennen als eine Frau unterweisen." Rabbi Elieser (1.Jh.) sagte: „Wer seiner Tochter das Gesetz erklärt, lehrt sie Obszönes." Schließlich kommt alles Übel in der Welt daher, wenn Männer ihre Zeit damit verschwenden, dass sie mit Frauen sprechen. So die rabbinische Auffassung!

Dagegen sagt Lukas ganz klar, dass die Engel am Grab die Frauen **erinnern** an das, was Jesus sie gelehrt hat – zweimal betont er „erinnern" (24,5-8). Auch Markus sagt dies (16,6.7).

7) Es war in jüdischen Augen zweifellos skandalös, dass die Jüngerschaft Jesu aus Männern **und** Frauen bestand. Ob in Tempel oder Synagoge – Frauen waren getrennt von Männern. Jesu Verhalten dagegen war äußerst wagemutig. Kein Wunder wurde ihm alles Mögliche angedichtet – vom „Betrunkenen" bis zum „Dämonisierten"! Aber in der Schule Jesu sind damals wie heute **alle** willkommen!

Wer waren die Essener?

1) In Jesu Zeit gab es im Judentum **vier** bedeutende religiöse Gruppen: Pharisäer, Sadduzäer, Zeloten und Essener. Pharisäer und Sadduzäer tauchen öfters in den Evangelien auf, und zumindest **ein** Zelot war Jünger Jesu (Lk 6,15). Obwohl die Essener die **bedeutendste** der 4 Gruppen waren, erscheinen sie in den Evangelien nicht.

2) **Flavius Josephus** erwähnt sie lang und breit als tüchtigste beispielhafte Gruppe, obwohl er selbst Pharisäer war. **Philo** von Alexandrien beschreibt sie als religiöseste Gruppe und empfiehlt sie als „wahre Fromme". Das Wort Essener bedeutet ja „**Fromme**".

3) Freilich sind sie uns unbekannt gewesen, bis im Februar **1947** die berühmten Rollen vom Toten Meer aufgefunden werden. 900 Rollen treten zutage – biblische und solche, die vom Leben der Essener erzählen. Über 4000 von ihnen sind verstreut in zahlreichen Gemeinden des ganzen Landes, darunter auch die ca. 60, die in Qumran gelebt haben.

4) Die Geschichte der Essener beginnt **im Jahr 152 v. Chr.** Der Militär Jonathan Makkabäus regiert in Judäa. Seit mehreren Jahren gibt es immer wieder Kriege mit dem Nachbar Syrien. Jonathan braucht Geld und lässt sich mit Blick auf die Tempeleinnahmen zum Hohepriester ernennen. Er vertreibt den aktuellen. Dieser flieht mit zahlreichen Priestern nach Syrien. In den Schriften wird er „**Meister der Gerechtigkeit**" genannt. Seit dem 10. Jh. v. Chr. gehört der Hohepriester der Familie des Zadok an, eines legendären Priesters aus der Zeit Davids. Jetzt ist Jonathan die erste Ausnahme dieser Familienfolge.

5) Der Meister der Gerechtigkeit fordert Jonathan auf zu verzichten. Dieser will ihn

anlässlich eines Festes umbringen, kann sich aber nur seiner Habe bemächtigen. Der Meister kehrt nach Judäa zurück und gewinnt immer mehr Anhänger, die sich nach seinen Weisungen richten.

Um 110 v. Chr. stirbt der Meister. Das erwartete Ende der Welt tritt aber nicht ein. Um das Jahr 100 wird dann Qumran „geboren".

6) **Qumran** umfasst eine riesige Werkstatt für Schriftrollen, eine Bibliothek von 1000 Dokumenten, dazu einen Lesesaal. Innerhalb der Kolonie gibt es Bäder für rituelle Reinigungen. Zur Toilette muss man nach draußen gehen.
Dreimal am Tag versammeln sich alle zum Gebet im Versammlungssaal, dem heiligen Ort der Siedlung. In den Höhlen der Umgebung wohnen die Qumraner.

7) Es war nicht leicht, in die Gemeinde einzutreten. Drei Jahre dauerte die **Probezeit**, um zu sehen, ob der Kandidat von Gott akzeptiert schien. Man musste auch „geordnete Zähne" und durfte keine „dicken Finger" haben; die Stimme durfte nicht zu hoch oder zu tief sein. Das Ende der Probezeit schloss mit einer öffentlichen Beichte.

8) Das **Leben in Qumran** war hart: Gemeinschaftsgebet bei Sonnenaufgang, Arbeit (Hirte, Landwirtschaft, Keramik, Kopieren), Ritualbad am Mittag, schweigendes Mittagessen mit Bibellesung, Arbeit bis Sonnenuntergang, Gebet, Studium des Gesetzes, Essen, Schlafen in den Höhlen. Das Regiment war strikt. Bei Verstößen gab es Strafen bis hin zum Ausschluss. Wer zB. einen Priester kritisierte, wurde 1 Jahr ausgeschlossen; wer beim Gebet einschlief, bekam 6 Monate Ausschluss.

9) **Heirat** war Pflicht, aber nur 1x im Leben. Frauen starben oft früh wegen des harten Lebensstils, also blieben viele Männer lange Zeit Witwer. Frauen durften am Sabbat nicht mit den Männern in die Synagoge.

10) **Vespasian** zerstörte 68 n. Chr. die Siedlung. Die Bewohner konnten noch ca. 1000 Rollen verstecken, bevor römische Pfeile sie töteten. Auch die übrigen Essener verschwanden.

Einige Jahrzehnte zuvor war in Palästina ein Mann geboren worden, der die Menschen nicht auf Einhaltung des Gesetzes trimmte, sondern auf die Liebe zu Gott und zum Nächsten orientierte. Seine Bewegung hält trotz seines Kreuzestodes am 7. April des Jahres 30 an...

Die Himmelfahrt Jesu

1) Die Apostelgeschichte des Lukas (entstanden ums Jahr 90) beginnt mit der Himmelfahrt Jesu. Sie beschließt die 40 Tage, in denen der Auferstandene seinen Jüngerinnen und Jüngern erschien und letzte Weisungen erteilte.

2) Allerdings erschien er nach 1 Kor 15 den „Zwölf". Das müssten dann - ohne Judas - ja die 11 gewesen sein. Wann waren dann die 500 beisammen? Paulus wiederum wurde erst 6 Jahre nach Jesu Tod sein Jünger (Apg 9). Wann war also die Himmelfahrt, wenn Jesus auch nach ihr noch erschien?

3) Nach Paulus (Röm 8,34; Phil 2,8.9; 1 Thess 1,10) und den Evangelien (Mk 16,19; Mt 28, 18; Lk 24,26; Jo 20,17) sind Auferstehung und Himmelfahrt **ein** Ereignis. Wieso spricht Lk dann in der Apg von den 40 Tagen?

4) 40 ist eine symbolische Zahl. 40 deutet einen **Wechsel** von einer Periode zur andern an. Warum also benützt Lukas zehn Jahre nach seinem Evangelium in der Apostelgeschichte die 40 Tage? Weil ein **Problem** in der Kirche aufgetaucht ist, auf das Lukas antworten möchte.

5) Jesus hat im Johannesevangelium davon gesprochen, dass er **wiederkommen** werde (14,18.28; 16,22). Als man dann hörte, Jesus sei wiedergekommen, meinten manche, man brauche fürs Reich Gottes nichts mehr tun (2 Thess 3,10-12). Jesus würde schon immer wieder erscheinen und die anstehenden Probleme lösen.

6) Lukas erkennt die **Gefahr**. Darum sagt er jetzt, Jesus sei nur eine **bestimmte** Zeit erschienen. Danach seien wir „dran". Deshalb wählt er die Zahl 40, um auszudrücken: Jetzt ist eine **neue Zeit** gekommen, nämlich die **unserer** Missionsaufgabe.

Darum wählt er auch einen präzisen Ort als Abschied: den **Ölberg**. Er knüpft so an die Himmelfahrt von Henoch an (Gen 5,24), an Elija (2 Kön 2, 1-13), an Esra und Baruch.

7) Jesus **„verschwindet"** im Himmel, und die Kirche **„erscheint"** auf der Erde. Jetzt ist unsere Stunde gekommen, den Armen beizustehen, Kranke zu heilen, für Liebe, Frieden und Gerechtigkeit uns einzusetzen. Wir sollen nicht zum Himmel starren (Apg 1,11), sondern die Erde in Blick nehmen. Darum geht es jetzt.

Warum schweigen Markus und Johannes über Jesu Kindheit?

1) Matthäus und Lukas erzählen eine Kindheitsgeschichte Jesu - wenn auch sehr verschieden (Biblische Schatzkiste Teil 1, S.43). Mk, das erste Evangelium aus dem Jahr 70, beginnt mit dem **erwachsenen** Jesus, ebenfalls Johannes. Freilich schaltet dieser einen **Prolog** voraus, der dem **präexistenten** Jesus vor aller Zeit gewidmet ist. Die Evangelien - so sehen wir - sind nicht vom Himmel gefallen, sondern **geworden** – entsprechend dem Glaubensverständnis der Gemeinde, in der sie entstanden sind.

2) Die Verkündigung über Jesus **beginnt** mit der unglaublichen Nachricht, dass der **gekreuzigte** Jesus **auferstanden** ist. Das ist völlig unerwartet und ungewohnt. Man kennt bisher nur eine Art Wiedererweckung wie die der Jairustochter oder des Lazarus. Doch Jesu Auferstehung ist keine Wiedererweckung oder Wiederbelebung, sie ist etwas **Neues** und noch nie Dagewesenes. Denn Jesus wird nie mehr sterben wie der Jüngling von Nain oder andere.

3) In dieser **ersten** Phase verkünden die Christen also, dass Jesus gestorben, auferstanden und für immer bei Gott ist. Diese Gewissheit durchzieht die paulinischen Briefe.

Die weitere **Reflexion** über Jesus Christus bringt die Christenheit in einer **zweiten** Phase dazu, dass Jesus nicht erst in der Auferstehung sich als Sohn Gottes erwiesen hat, sondern bereits in seinem öffentlichen Leben – beginnend mit der Taufe durch Johannes. Aber seine Messianität **verbirgt** sich noch (> das Messiasgeheimnis des Markusevangeliums), bis der **römische** Hauptmann **nach** dem Tod Jesu ihn als **Gottes Sohn** bekennt (Mk 15,39).

4) In der **dritten** Etappe der Reflexion erkennen die Evangelisten, dass es bereits im öffentlichen Leben Jesu immer wieder **Momente** gegeben hat, die ihn als Sohn Gottes

auszeichnen (Mt 14,33; 16,16; 27,54; Lk 10,22).

5) Die **vierte** Etappe zeichnet sich durch die **Kindheitsgeschichten** (Mt und Lk) aus. Sie zeigen, dass Gott schon mit dem Kind Jesus war. Mt und Lk betonen dies in ihrer je verschiedenen theologischen Absicht (> Schatzkiste 1).

6) In der **fünften letzten** Etappe ist Jesus von Ewigkeit her Gottes Sohn und Wort. Darum braucht das Johannesevangelium keine Kindheitsgeschichte, sondern zeigt dies durch seinen **Prolog** „Im Anfang...." (Joh 1,1-18), ähnlich der Schöpfungsgeschichte „Im Anfang..." (Gen 1,1).

7) Die frühe Christenheit hat nicht auf einen Schlag hin verstanden, was es mit Jesus auf sich hat, sondern allmählich. Auch **wir** werden **heute** durch Gebet, Reflexion und Austausch immer mehr begreifen, was er uns jetzt sagt.

Welche Wunder tat Jesus?

1) Die Evangelien berichten **35** Wundertaten Jesu: 23 Heilungswunder an Personen, 3 Wiederbelebungen und 9 Naturwunder. Sind das nun Wunder, die die Naturgesetze durchbrechen?

2) Zur Zeit Jesu spricht man noch nicht von Naturgesetzen. Man wundert sich einfach, wenn **unerklärliche** Heilungen geschehen.

Selbst heute beherrschen wir nicht alle Gesetze der Natur. Außerdem wäre es seltsam, wollte Gott die Natur, die er uns mit ihren Gesetzen anvertraut hat, selber außer Kraft setzen. Er wäre ja dann mit seiner eigenen Schöpfung unzufrieden.

3) Für die Menschen der Zeit Jesu ist ein Wunder etwas, das einfach **staunen** lässt über Gottes spürbare Gegenwart. Das Wunder zeigt also ein Ereignis außerhalb des Üblichen, das **alle** sehen, aber nur die Glaubenden **entdecken** einen tieferen Sinn.

Deshalb fragen die Evangelisten nicht, ob ein Wunder Naturgesetze durchbricht oder nicht, sondern was **Gott** ihnen durch dieses Zeichen **sagen** möchte. Das Johannesevangelium spricht ausdrücklich nicht von „Wundern", sondern von **„Zeichen"** – und es erwähnt 7 große Zeichen: ein Hinweis auf die Fülle.

Bereits der Durchzug durch das Rote Meer zeigt: ob es nun ein starker Wind ist oder Gottes Kraft - entscheidend ist für Israel: *wir wurden gerettet!*

4) Die Wunder Jesu können heute **verschieden** gedeutet werden. Das Fieber von Petri Schwiegermutter mag durch die psychische Kraft Jesu, der sie aufrichtet, verschwunden sein oder wie auch immer. Entscheidend ist die **heilende** Nähe Jesu!

Der Synagogenvorsteher wiederum (Lk 13,14) regt sich nicht über Jesu Heilung auf, sondern dass sie am Sabbat geschah. Für Jesus ist aber der Sabbat **für** den Menschen da.

5) Wie viele Wunder geschehen **heute**, und wir nehmen sie gar nicht wahr! Aber wenn uns jemand die Augen öffnet, entdecken wir plötzlich etwas Wunderbares.

Die Eroberung Jerusalems

1) Die Eroberung Jerusalems durch König **David** war ganz wichtig für die Geschichte Israels. Aber nur 3 Bibelverse berichten davon: 2 Sam 5, 6-8. Warum wird z.B. die Eroberung Jerichos sehr viel ausführlicher erzählt, obwohl sie für Israels Geschichte viel weniger wichtig ist?

2) Jerusalem wurde um 4000 v. Chr. gegründet auf einem Hügel von 100 m Höhe. Um 3000 v. Chr. kamen die **Jebusiter** aus Syrien und erkannten die strategische Bedeutung des Hügels. Um 1800 v. Chr. baute man eine Mauer um die Siedlung, die so zu einer wirklichen Stadt wurde.

3) Als dann israelische Stämme nach Kanaan kamen und sich ansiedelten, entstanden die 3 Zonen Galiläa, Samaria und Judäa. Um 1020 v. Chr. beschlossen die israelischen Stämme, einen **König** auszurufen. Vorher hatten sie nur verschiedene Führer gehabt, die gerne verschwanden, wenn eine Gefahr drohte.

4) **König Saul**, der erste König, hatte verschiedene militärische Erfolge, wurde aber 1008 v. Chr. von den Philistern in einer blutigen Schlacht besiegt, worauf Saul sich umbrachte. Auch seine 3 Söhne kamen in der Schlacht um. Darauf wählten die israelischen Stämme **David** zum König. Er residierte in **Hebron.**

5) Die nördlichen Stämme empfanden die Hauptstadt als zu weit im Süden gelegen. So schaute David nach **Jerusalem**. Mit seiner Mauer und seiner Festung Zion war es eine respektable Siedlung mit etwa 2000 Bewohnern geworden. Die Stadt hatte eine „Achillesferse", nämlich die Wasserzuführung durch einen Tunnel. David verschloss sie, und so blieb den Jebusitern nichts anderes übrig als sich zu ergeben. David machte den **Zionsberg** zu seiner Residenz.

6) Ohne einen einzigen Verwundeten „eroberte" David die Stadt und schloss einen **Pakt** mit den Jebusitern. Keiner musste die Stadt verlassen. So gab es auch keinen Feind Davids.

Im später verfassten Chronikbuch wird dieses Ereignis als militärischer Angriff bezeichnet, um die Macht Davids zu betonen und Jerusalems Bedeutung herauszustellen. Dann erscheint Davids Taktik auch als militärische Glanzleistung des eigentlich erst später berühmt gewordenen Königs David. Wie schön, dass es **anders** war!

Der Prophet Jona

1) Das einzige Buch der Bibel, das mit einem **Fragezeichen** endet und nur 4 Kapitel umfasst, ist das Buch Jona, eines der sog. Zwölfprophetenbücher.

Gott bittet Jona, in Ninive eine **Bußpredigt** zu halten. Aber Jona geht in die entgegengesetzte Richtung, besteigt ein Schiff und verbirgt sich im „Bauch" des Schiffes. Ein schrecklicher Sturm bricht los. Jona deutet ihn als seine persönliche Schuld und bittet die Matrosen, ihn ins Meer zu werfen. Augenblicklich beruhigt sich das Meer. Ein Fisch verschlingt den im Wasser treibenden Jona. 3 Tage ist er in seinem Bauch, dann spült der Fisch ihn ans Land.

Erneut erhält er den Auftrag, nach Ninive zu gehen. Dieses Mal geht er, hat mit seiner Predigt einen überwältigenden **Erfolg**, denn alle bekehren sich, aber Jona ist sauer. Er wollte ja, dass diese gottfeindliche Stadt untergeht.

2) Diese Geschichte ist eine **Novelle**. Jona (2 Kön 14,25) ist ein bedeutender Prophet des   8. Jahrhunderts. Die Hauptstadt Assyriens heißt damals nicht Ninive, sondern Assur. Darum nennt sich der König auch „König von Assyrien".

Wie soll nun ein israelitischer Prophet ins assyrische Reich eindringen und selbst den König bekehren? Und „Ninive" hat höchstens 12 km Durchmesser, aber nicht 45!

3) Die Geschichte ist ein Juwel, voll von Humor und feiner Ironie. Warum flieht Jona vor dem Auftrag Gottes? Weil er Ninive hasst und möchte, dass es untergeht. Gott ist nur für Israel gut – so will es Jona.

Als der Sturm losbricht und die Matrosen einen Schuldigen suchen, fällt das Los (natürlich!) auf Jona, und er bittet, ihn ins Meer zu werfen. Die armen Seeleute wollen sich nicht mit Schuld beladen, aber schließlich erfüllen sie Jonas Wunsch. Kaum ist er im Meer, beruhigt sich dieses. Interessant ist, dass die Matrosen zu Jahwe beten. Da spüren wir die **Herzensweite** des Verfassers.

4) Das Gebet Jonas im Bauch des Fisches ist ein wunderbarer Ausdruck dafür, wie geborgen sich Jona in Gott fühlt. Dem zweiten Aufruf Gottes verschließt er sich nicht mehr.

5) Aber Gottes Gnade für Ninive ärgert Jona. Das schöne Beispiel des schattenspendenden **Rizinus** wird zum Impuls für Jona, seinen Horizont zu erweitern. Das Buch schließt mit einem Fragezeichen. Soll nicht auch unser Horizont geweitet werden?

6) Bewegend ist, dass bereits um 400 v. Chr. diese Frage akut wurde: Heilt Gott nur Israel oder die ganze Welt? Die Antwort des Jonabuches ist klar.

7) Als der Autor diese Novelle schreibt, ist Ninive längst vom Erdboden verschwunden. Aber die Botschaft bleibt: Gottes Barmherzigkeit gilt allen Menschen! Jesus wird später im Wort von der Feindesliebe diese universale Sicht konkretisieren (Mt 5,45).

Stand die Sonne still?

1) Am 22. Juni 1633 muss Galileo **Galilei** seine kopernikanische Weltsicht widerrufen. Es wird erzählt, er habe am Schluss gemurmelt: „...und sie bewegt sich doch!" - nämlich die Erde um die Sonne.

Die kirchliche Kommission wirft Galilei vor, sein Heliozentrismus widerspreche der Bibel, die in Josua 10,1-15 klar sagt, dass die Sonne **still** gestanden ist, während sie sich sonst um die Erde dreht.

2) Die Josuageschichte wird verschieden interpretiert: 1. Die Sonne stand still, als Josua betete. Der Tag dauerte länger als 24 Std., bis Israel gesiegt hatte. 2. Josuas inständiges Gebet bewirkte den positiven Ausgang für Israel. 3. Israel hatte psychologisch das Gefühl, dass es lang dauerte bis zum Sieg. 4. Ein Sandsturm verdunkelte die Sonne. Die Heere flohen. Josua betete, die Sonne möge nicht erscheinen, damit die Hitze nicht Josuas Heer lähmte.

All diese Deutungen gehen von einem **physikalischen** Ereignis aus. So auch 600 Jahre nach diesem Ereignis der Verfasser des Josuabuches.

Aber es geht in der Bibel nicht um Naturwissenschaft, sondern um die Gegenwart Gottes im Leben der Menschen. Wie bei den Schöpfungsberichten heißt es: die Naturwissenschaft spricht über das **Wie**, die Bibel über das **Warum**. Beide können sich deshalb gar nicht widersprechen.

3) Galilei hat Recht gehabt – wie auch Kopernikus. Nur war in der Neuzeit das Symbolische verschwunden und man verstand alles wörtlich. Dies wurde Galilei zum Verhängnis. Zu Recht gab Papst Johannes Paul II. am 31.10.1992 den Irrtum des kirchlichen Gerichtes zu.

Galileis Warnung, Astronomie in der Bibel zu suchen, gilt auch heute, denn die Bibel „will nicht sagen, wie die Himmel sich bewegen, sondern wie **wir** uns zum Himmel bewegen".

Warum wollte Jesus am Kreuz nichts trinken?

1) Zweimal gab man dem Gekreuzigten zu trinken: das 2. Mal >Mk 15,36; Mt 27,48; Lk 23,26; Joh 19,29. Das war wohl eine Art Most, den die Soldaten zu trinken pflegten (Joh 19,29). Das AT erwähnt diesen Trank in Num 6,3 und in Ruth 2,14. Sollte dieser Trank den Sterbenden wiederbeleben oder seinen Tod beschleunigen?

2) Schon vorher – vor der Kreuzigung – berichtet Mk 15,23 von einem Trank Wein mit Myrrhe. Bei Mt 27,34 ist es Wein mit Galle. Warum Wein? Man glaubte, Wein **lindere** die Schmerzen und betäube (Spr 31,67). Wer bot Jesus diesen Wein an? Vielleicht mitleidige Frauen? Wohl kaum die Soldaten. Warum aber wollte Jesus nicht trinken?

3) Die Einen deuten das Nein Jesu als Nein zur Verspottung, andere als Alkoholverzicht, andere als Nein Jesu zur Schmerzlinderung. Wahrscheinlicher ist, dass Jesus **Nasiräer** sein wollte (Num 6,1-21), also einer, der sich ganz Gott weiht. Damit erhebt er sich auf die Stufe des Hohepriesters, der keinen Wein trinkt (Lev 10,9), sich keinem Leichnam nähert (Lev 21,11) und sein Haar nicht schneidet (Lev 21,5).

4) Samson war wohl Nasiräer (Ri 13,4.5; 16,17), auch Samuel (1 Sam 1,11), Jonadab (2 Kön 10,15-17) und seine Nachfolger, die Rechabiter. Amos berichtet von Nasiräern (Am 2,11.12) und 1 Makk 3,49-51. Johannes der Täufer war wohl einer (Lk 1,15; 7,33) und Paulus in Kenchreä (Apg 18,18).

5) Will Markus nach dem letzten Abendmahl Jesu etwas Ähnliches sagen, dass sich Jesus als Nasiräer Gott geweiht hat und deshalb den Wein nicht trinkt, auch nicht vor der Kreuzigung?
Sehen wir es als Ausdruck seiner **völligen Hingabe** an Gott, wie es die Nasiräer verstanden haben – als religiösen Weiheakt.

Wann ist Jesus geboren?

1) Als Jesus geboren wird, interessiert sich wohl niemand für ihn. Als er stirbt, ist sein Geburtstag wohl genauso uninteressant. Die Botschaft von Kreuz und Auferstehung ist wichtig.

2) Im Römischen Kalender zählt man das Jahr 1 ab der Gründung Roms (753 v. Chr.).

3) Papst Johannes I. (+526) beauftragt den Mönch **Dionysius** Exiguus, den Römischen Kalender in einen **christlichen** zu verwandeln, ausgehend von der Geburt Jesu.

4) Dionysius nimmt das 15. Jahr der Regierung des Tiberius als Ausgangspunkt für das öffentliche Wirken Jesu, also das Jahr 783 nach Gründung Roms. Jesus ist dann 30 Jahre zuvor im Jahr 753 geboren, somit ist das Jahr 754 das Jahr 1 der christlichen Zeitrechnung. Rom ist dann 753 v. Chr. gegründet. Dionysius setzt den neuen Anfang des Kalenders ins Jahr 1287 (römisches Datum), er selber lebt da also im Jahr 533 n. Chr. Er stirbt 7 Jahre später, also 540. Die neue Zeitrechnung breitet sich in der westlichen Welt aus.

5) Leider hat sich Dionysius um 7 Jahre **verrechnet**. Herodes, in dessen Zeit Jesus geboren wird, stirbt darum 4 v. Chr., kurz nach der Mondfinsternis des 12. März. Die Volkszählung des Quirinius, die Lukas erwähnt, wird sonst nirgends berichtet. So nimmt man heute an, dass Jesus etwa 3 Jahre vor dem Tod des Herodes geboren ist, **also 7 v. Chr.**

6) Als wir **das Jahr 2000** begannen, waren die Juden im Jahr 5762, die Muslime im Jahr 1422, die persischen Muslime im Jahr 1381, die japanischen Shintoisten im Jahr 2661, die Hindus im Jahr 2059, die Konfuzianer im Jahr 2552.

Auch unter den Christen gibt es verschiedene Daten für unser Jahr 2000 : Kopten 1718, Chaldäer 6751, Armenier 1448, Syrer 2313.

Darum ist es auch Unsinn, irgendwelche Jahresübergänge mit Katastrophen zu verbinden. Das sind reine Kalendersachen! Jesus ist das **Zentrum** unserer Geschichte. Das ist entscheidend!

Wie alt wurde Jesus?

1) Die Evangelisten reden vom Alter Jesu nur **ungefähr**, denn sie interessiert wohl nicht sein Alter, sondern was er sagt und wie er auftritt.

2) Lukas sagt, dass **Johannes** der Täufer im 15. Jahr des Tiberius auftrat, also **im Jahr 26**. Am Passahfest (Joh 2,19.20) sprechen die Juden von 46 Jahren, die der Wiederaufbau des Tempels gebraucht habe. Herodes hatte ihn im Jahr 19 v. Chr. begonnen. Dann dürfte diese Diskussion über den Tempel im Jahr 27 gewesen sein.

3) Wie **lange** dauert das öffentliche Auftreten Jesu? Die Synoptiker sprechen von einigen Monaten, das Johannesevangelium spricht von 4 Passahfesten, und am 4. stirbt Jesus. Wann fällt zur Zeit des Pontius Pilatus (26-36 n. Chr.) das **Passahfest** auf einen **Sabbat**? Nach den Astronomen in den Jahren 27, 30 und 33!

4) Im Jahr 27 beginnt Jesus mit seinem öffentlichen Auftreten. Falls es 3 Jahre dauert, sind wir am irdischen Ende Jesu im Jahr 30. Im Gleichnis vom unfruchtbaren Feigenbaum spricht Jesus von 3 Jahren (Lk 13,6-9).

5) Wenn Jesus ums Jahr 7 v. Chr. geboren wird (> voriges Kapitel) und der Täufer im Jahr 26 n. Chr. auftritt, begegnen sich beide wohl Anfang 27. Das Passafest des Jahres 27 feiert Jesus in Jerusalem. Dann ist Jesus 3 Jahre später, am **Karfreitag des Jahres 30**, dem **7. April**, um 15 h gestorben sein. So dürfte Jesus ungefähr 37 Jahre alt geworden sein.

6) Ein schlichter Schreiner sammelt eine Gruppe Fischer und einige Frauen um sich. Nichts scheint auf etwas Besonderes hinzudeuten. Als er öffentlich auftritt, wird er von den Mächtigen verachtet, aber die einfachen Leute hören ihm zu. Als er

umgebracht wird, scheint alles zu Ende. Aber Millionen Menschen haben seither ihr Leben für ihn gegeben. Wer ist er **für uns**?

Kündigte der Täufer das Ende der Welt an?

1) Zweifellos haben Leben und Botschaft des Täufers viele Menschen bewogen, ihr Leben zu **ändern**. Matthäus und Lukas berichten darüber, allerdings fragmentarisch. Was aber klar ist: Johannes kündigt das **Ende** der Welt an (Mt 3,7ff; Lk 3,7ff).

2) Warum ist der Täufer so scharf in seinen Worten? Die **religiöse Institution** seiner Zeit ist schlicht dekadent. Zwar hat sich Israel im Lauf seiner Geschichte immer wieder von Gott abgewandt, aber jetzt ist es besonders schlimm. Davon ist der Täufer überzeugt.

3) Das **Reich Gottes**, von dem Johannes spricht, ist nicht etwas Jenseitiges. Gott wird **diese Erde** verwandeln – und dies in nächster Zeit. Deshalb ruft der Täufer auf, die Augen zu öffnen. Eine bloße Taufe nützt **nichts**, wenn sie nicht mit einer Änderung des Lebensstils verbunden ist.

4) Johannes macht auch klar, dass es nicht genügt, **nur** in Abrahams Nachkommenschaft zu sein, ohne sich zu bekehren. Im Gegenteil! Lieber sollen Steine zu Abrahams Kindern werden.

5) **Wie** stellt sich Johannes das Weltende vor? Zunächst kommt ein **reinigendes Gericht**: das Feuer nähert sich, und nur eine innere Umkehr – verbunden mit der Bußtaufe – kann retten. Dabei versteht sich Johannes als Wegbereiter.
Als Zweites kommt dann eine Phase von **Frieden und Wohlbefinden**, eingeleitet mit der Taufe durch den Heiligen Geist. Das ist dann die Trennung der Spreu vom Weizen. Der Wind weht die leichtere Spreu fort, der schwere Weizen bleibt am Boden. Dies vollzieht der „Stärkere", den der Täufer ankündigt.

6) Die Christen sehen in dem „Stärkeren" **Jesus von Nazareth**. Sein Tod und seine Auferstehung sind das Ende, das gekommen ist. Nun sind wir eingeladen, uns für Gerechtigkeit und Wohlergehen aller einzusetzen – und wenn morgen die Welt unterginge, können wir mit Martin Luther frohgemut heute „noch ein Apfelbäumchen pflanzen".

Warum steht das Buch Judith nicht in der Lutherbibel?

1) Martin Luther hat das Buch Judith **nicht** akzeptiert, die Juden genauso wenig. Warum?

2) Das Buch Judith ist eine waghalsige **Novelle** aus dem Jahr 500 v. Chr. Das ummauerte Städtchen Betulia stellt sich Holofernes **entgegen**, dem General Nabuchodonosors. Der Amoniter Achior rät dem General, von Betulia abzulassen, denn der jüdische Gott würde es beschützen, solange die Bewohner sich nicht gegen ihren Gott versündigten.
Empört lässt Holofernes den Achior an Israel ausliefern, um ihn dann bei der Einnahme des Städtchens auch umzubringen. Zugleich sperrt er die Wasserzufuhr nach Betulia.

3) Die Verantwortlichen der Stadt wollen sich ergeben. Die schöne Witwe Judith **widersetzt** sich ihnen, wirft ihnen mangelnden Glauben vor und verspricht, Betulia zu retten.

4) Judith betet; dann kleidet sie sich prächtig, geht zu Holofernes, erfindet eine Geschichte und bleibt 3 Tage bei ihm. Nach einem Trinkgelage will er sie verführen, wird aber wegen seines Rausches vom Schlaf übermannt. Judith enthauptet den Betrunkenen. Als die Soldaten merken, was passiert ist, fliehen sie.
Der Hohepriester kommt nach Betulia, um Judith zu danken. In einer feierlichen Prozession zieht sie nach Jerusalem, um Gott zu preisen. Nach 3 Monaten kehrt sie nach Betulia zurück. Mit 105 Jahren stirbt sie.

5) Die **Botschaft** des Buches: Gott rettet sein Volk vom stärksten Feind durch die Hand einer „schwachen" Frau.

6) Die Novelle entstand um 150 v. Chr., als Syrien Palästina beherrschte. Die Makkabäer hatten 166 v. Chr. einen Guerillakrieg gegen die Besatzer begonnen. Gegen des Volkes Mutlosigkeit tritt ein anonymer Autor in Israel auf und verfasst die Judithgeschichte.

7) Die Judithgeschichte gleicht der von Esther, die 1 Jh. zuvor geschrieben worden ist. Dort handelt es sich um einen Schönheitswettbewerb, hier um die attraktive Judith, die alle in ihren Bann zieht. Beide Male sucht eine **unscheinbare Frau**, Israel von einem ausländischen Gegner zu befreien, der allein schon zahlenmäßig erschreckend ist: 75 000 Perser bei Esther, 132 000 Soldaten bei Judith. Beide Male erscheint nicht Gott als persönlich Handelnder, sondern jeweils eine wagemutige Frau. Bei Judith spielt die religiöse Komponente eine zusätzliche Rolle, während im Buch Esther Gott nicht vorkommt. Vielleicht wollte der Autor des Judithbuches jene Überlieferung von Esther „verbessern".

8) Warum aber akzeptierte die hebräische Bibel das „gottlose" Buch Esther, aber nicht das „gottvolle" Buch Judith? Vermutlich aus machistischen Gründen. Esther war eine „brave" Hausfrau, die Witwe Judith denkt nicht daran, sich wieder zu verheiraten und ist stolz auf ihren Witwenstand. Judith ist emanzipiert, Esther nicht. Der Autor des Judithbuches hat sozusagen den gegen den Goliath kämpfenden kleinen David **feminisiert** in der Gestalt Judiths.

Für die jüdische Gesellschaft war Judith zu revolutionär, deshalb kam sie wohl nicht in die Bibel. Weil sie aber nicht in der hebräischen Bibel steht, hat sie auch Martin Luther nicht akzeptiert. In der Einheitsübersetzung steht sie als beispielhaftes Modell.

Wie endet das Markusevangelium?

1) Das originale Markusevangelium ist **verloren**. Wir haben etwa 1700 Kopien, aber nicht alle enden auf dieselbe Weise.

Die ältesten Manuskripte und die ersten Übersetzungen (syrisch, koptisch, aramäisch) **enden mit 16,8.** Die Verse 9-20 sind **späterer** Zusatz. Das Evangelium endet also mit dem **Schrecken der Frauen**. Das ist erstaunlich! Keine Erscheinung des Auferstandenen, keine Sendung, nichts!

2) Manche meinen, der Schluss des Evangeliums sei **verloren** gegangen. Aber wenn der Evangelist genau diese Absicht hatte? Dann **heißt** das: wer das Evangelium hört und liest, ist dafür verantwortlich, dass die Botschaft des jungen Mannes am Grab Jesu befolgt wird: „Sucht ihn in Galiläa!" Markus lässt das Ende **bewusst** offen, damit **wir** seine Botschaft hören und unseren Auftrag begreifen.

3) Im 2. Jh. verstand man diesen literarischen „Kniff" nicht mehr. So verfasste ein anonymer Autor die Verse 9-20. Dies erhärtet **1.** der stilistische Bruch zwischen Vers 8 und 9; **2.** dass der Auferstandene jetzt in Jerusalem erscheint und eben nicht – wie angekündigt – in Galiläa; **3.** dass von der angesagten Erscheinung für Petrus keine Rede mehr ist; **4.** dass die drei Frauen zu einer einzigen verschmolzen sind.

4) Der neue Schluss hat **Erfolg** gehabt. Nun ist Jesus wirklich auferstanden und erschienen. Die Missionare spüren seine Gegenwart und haben Heilungserfolge. Dennoch bleiben die meisten Abschriften des Evangeliums bis ins 4. Jh. ohne den neuen Schluss.

5) Im 3. Jh. entsteht in Karthago ein **dritter** Schluss: die Frauen schweigen nicht, sie verkünden den Auferstandenen, der schließlich allen erscheint.

6) Im 4. Jh. berichtet Hieronymus von einem **vierten** Schluss: die Urgemeinde ist müde geworden und sieht Satan als Ursache dafür, weil dieser sich der Kraft des Auferstandenen widersetzt.

Später kommen noch weitere ergänzende Schlüsse hinzu, die die Abschreiber einfügen. So haben wir insgesamt **neun** verschiedene Schlüsse. Das Trienter Konzil hat dann den jetzt vorliegenden Schluss der Verse 9-20 festgelegt.

7) Und **wir**? Schweigen wir erschreckt wie die Frauen? Sagen nichts? Oder...? Wir selbst können mit unserem lebenden wahren Schluss unseres Lebens das Evangelium bezeugen.

Das Passahfest

1) Das Buch **Exodus** sagt, das Passahfest sei „erfunden" worden in der Nacht vor dem **Auszug** der Israeliten aus der ägyptischen Sklaverei. Ist das wahrscheinlich? All diese Riten in dieser aufregenden Nacht?

Laut Ex 12,1-20 lehrte Gott **zuvor** schon den Mose, wie dieses Fest zu feiern ist. Woher kommt dann das Passahfest?

2) Es ist unter den **orientalischen Hirten** entstanden. Mit dem Winterende hörten oft auch die Regenfälle auf. Dann mussten die Hirten neue Weideplätze suchen. Das war nicht gefahrlos. Krankheiten, Dämonen und andere böse Geister wurden überall gefürchtet. Ein einziger „Zerstörer" setzte allen zu.

Darum feierten sie **in der Nacht** vor dem Aufbruch ein Fest und opferten ein junges Tier der Herde. Mit dem **Blut** bestrichen sie die Pfosten ihres Zeltes, um den bösen Geistern zu wehren. Danach aßen sie das gebratene Tier am offenen Feuer mit regionalen Kräutern und sauerteiglosen Broten.

3) Bei **Vollmond** wurde gefeiert; das Familienoberhaupt leitete den Ritus. Das war das Fest vor dem Aufbruch, das Pessach. Die Juden feierten dieses Fest wohl auch in der ägyptischen Sklaverei als Erinnerung an ihren Hirtenursprung.

4) Im 13. Jh. v. Chr. verbreitete sich in Ägypten eine **Epidemie**, die viele Opfer kostete, vor allem Kinder. Israel lebte im Nildelta – weit entfernt vom Pestzentrum. Es nützte die Situation, unter Führung des Mose in die Wüste aufzubrechen. So wandelte sich das Hirtenfest zum **Befreiungsfest**. Die Elemente des Festes bekamen eine neue Bedeutung - wie in Ex 12 beschrieben.

5) Ums Jahr 1000 v. Chr. wandelt sich das Gemeinschaftsfest in ein **Familienereignis**.

Darum wird es auch in den ältesten Festkalendern (Ex 34 und 23) nicht erwähnt. Das ist dann die **zweite** Phase des Passahfestes.

6) Mitte des 7. Jh. erlebt das Fest seine **dritte** Phase. König Josias reformiert 621 viele Gepflogenheiten und ordnet das Passahfest nicht mehr als Familienfest an, sondern als ein öffentliches, das im Jerusalemer **Tempel** zu feiern ist (2 Kön 23). So hat es wieder wie ursprünglich den Charakter eines Gemeinschaftsfestes.

7) Im Jahr 587 wird Jerusalem von den Babyloniern zerstört. Viele Juden geraten in Gefangenschaft. Eine Priestergruppe beschließt dort, Feste wieder **privat** zu feiern (wie einst Ex 12). Die Festanordnung wird Mose in den Mund gelegt.

8) Nach der Rückkehr aus dem Exil und dem Bau des zweiten Tempels teilt man das Fest in **zwei Teile** auf: ein Teil im **Tempel** mit Tieropfer, ein Teil im **Privaten** mit dem Mahl. Das ist die **fünfte** Phase.

9) Im Jahr 70 n. Chr. zerstören die Römer den zweiten Tempel. Das Fest wird wieder zum **Familienfest** bis heute: die **sechste** und letzte Phase.

10) Das Passahfest des **Jahres 30 n. Chr.** versammelt Jesus und seine Jüngerschaft. **Jesus** deutet dieses Mahl auf seine Hingabe um; so wird es nach seiner Auferstehung zur Grundlage der **Eucharistiefeier.** 1 Petr 1,18-20 zeigt den Blutinhalt.
Die christliche Gemeinde sieht in diesem Mahl ihren Übergang (>pessach) von der Sklaverei der Sünde zur christlichen Freiheit. Somit ist **Christus unser Passah** (1 Kor 5,7).

Warum lässt Gott Böses zu?

1) Im Ersten Testament (AT) ist Gott **selbst** der, der das Böse in der Welt **verursacht**. Unzählige Male **straft** Gott die Menschen durch Naturkatastrophen und Kriege: Sintflut, Sodom und Gomorra, Lots Frau als Salzsäule, der Tod der ägyptischen Kinder, das erblindende aramäische Heer (2 Kön 6) und der arme Hiob. Gott schickt Giftschlangen, Erdbeben, eine Pest, an der 70 000 sterben, eine dreijährige Trockenheit. Alles Übel kommt im AT direkt von Gott, denn Gott schafft Licht und Dunkel, Glück und Unglück (Jes 45,7). Immer wieder entbrennt sein Zorn gegen Israel. Woher kommt dieses gespenstische Bild Gottes?

2) Zur Zeit der alttestamentlichen Schriften kannte man weder **Naturgesetze**, wie wir sie heute kennen, noch die **Ursache** von Krankheiten. Auch die menschliche **Verantwortung** für vieles, was geschieht, war noch wenig entwickelt. So sah man vieles, was wir heute als natürlich ansehen, als etwas Übernatürliches, also direkt von Gott her.

3) Darum war es **revolutionär**, als Jesus mit der Idee kam: Gott schickt NUR Gutes! Deshalb heilte er Kranke – und zwar im Namen Gottes! Ja, er weckte Tote auf.
Für Jesus ist ganz klar: An der Krankheit des Blindgeborenen trägt niemand Schuld (siehe Joh 9,1-3). Auch der Unglücksfall des umgestürzten Turms war nicht gottgewollt (Lk 13,4.5).

4) Jesu Botschaft sagt: Gott schickt keine Krankheiten und will sie nicht, auch nicht Unglück oder Tod. Gott **liebt** den Menschen und will nur sein Gutes.
Freilich erklärt Jesus nicht, woher die üblen Dinge kommen, aber er sagt ganz klar: sie kommen **nicht** von Gott.

5) Ein Zitat Jesu ist freilich missverständlich, nämlich das vom **Spatz**, der nicht ohne den Willen des Vaters vom Himmel fällt (Mt 10,29).

Aber im Originaltext (griechisch wie lateinisch) steht: „ohne euren Vater"! Keine Rede vom Willen des Vaters! Das sagt doch, dass Gott an unserer Seite ist, auch wenn etwas Schlimmes geschieht. Gott ist und bleibt an der Seite dessen, der leidet. Darum sagte Hans Küng einmal: „Gottes Liebe bewahrt nicht **vor** allem Leid, sie bewahrt aber **in** allem Leid."

Durch jenen fatalen Schluss ist auch im NT die Überzeugung entstanden, Gott sei für Leid und Tod verantwortlich.

6) Jesus hat eindeutig aufgezeigt, dass Gott weder den Schmerz will noch das Leid oder gar Böses. Auch wenn man z.B. in Argentinien gern sagt: du musst akzeptieren „lo que Dios nos dispone" (was Gott uns verordnet), etwa bei einem Trauerfall. Nein, Gott ist ein Gott des Lebens, nicht des Todes (Mk 12,27). Bereits das Buch der Weisheit (AT) hat das gespürt: „Nicht Gott schuf den Tod" (1,13). Deshalb hat Jesus drei Tote auferweckt, um zu zeigen, dass Gott nicht den Tod will.

7) Auch die Redeweise „Wen Gott liebt, züchtigt er" hat vielen Menschen ein falsches Gottesbild vermittelt. Dieser Gott gleicht einem Monster, aber nicht dem Gott Jesu Christi.

8) **Woher** kommt dann das Böse? Die Bibel sagt: wenn der Mensch „sein will wie Gott" (Gen 3). Es resultiert aus dem freien Willen des Menschen! Wir verunreinigen Luft und Wasser, wir zerstören das Gleichgewicht der Natur. Wir selbst gefährden unser Leben durch eine unvernünftige Lebensweise, durch Habgier, durch Stress, durch ungesunde Ernährung. Wie viel Pestizide gefährden die Gesundheit von Haut und Lungen bis hin zur Fruchtbarkeit der Frau! Wir achten auch zu wenig auf unseren seelischen Haushalt, auf unser inneres Gleichgewicht.

9) Laut einer Statistik vom Jahr 2000 hätten 75% der Krebserkrankungen in der Welt vermieden werden können. Die 15 000 Verkehrstoten allein in Argentinien oder die - zig Toten durchs Rauchen sind nicht der Wille Gottes. Genauso wenig die behinderten Kinder durch Mangelernährung, Alkohol der Eltern, fehlende Vitamine etc.

Wir wissen auch schon lange, wie sehr wir unser Klima schädigen. Auch Erdbeben weisen immer mehr menschliche Eingriffe als Ursache auf. Aber sehen wir die Folgen?

10) Natürlich sind wir sterblich. Aber **wie** wir sterben, hängt oft davon ab, wie wir leben. Gott lädt uns ein zu einem gesunden Leben, denn er lässt seine Sonne aufgehen über ALLEN (Mt 5,45).

Die Texte von Qumran

1) Im Februar 1947 sucht der junge Beduine Mohammed Achmed auf den Hügeln nahe dem Toten Meer eine Ziege, die sich verirrt hat. Müde geworden setzt er sich und wirft aus Langeweile Steine in die Felsspalten. Plötzlich hört er den Ton eines zerbrochenen Keramikgefäßes. Zwei Tage später klettert er in die Felsspalte hinab. Er hofft auf einen verborgenen Schatz und findet – **Schriftrollen**!

2) Es sind Schriftrollen aus dem 1. Jh. n. Chr. von der Gemeinschaft der sog. Essener. 1952 finden andere Beduinen in der Nähe weitere Schriftrollen in zwei anderen Höhlen. Im August entdecken sie eine weitere Höhle mit über 600 Rollen. Weitere Höhlen folgen.
Die Archäologen graben dann an dieser Stelle Qumran aus. 1956 findet man die **elfte** Höhle. Insgesamt sind es ca. 900 Schriftrollen, die meisten verdorben. Nur Bruchstücke sind übrig geblieben. Eine Jesaiarolle ist komplett.

3) Die **Essener** waren eine jüdische Gruppe, gegründet um 150 v.Chr. von einem Hohepriester mit dem Beinamen „Meister der Gerechtigkeit". Von den Makkabäern seines Amtes enthoben gründete er verschiedene religiöse Gemeinden, die im Gegensatz zum Tempel standen. Getreu Jes 40,3 gründete eine Gruppe von ihnen die **Schriftrollenfabrik** in Qumran: eine riesige Bibliothek, ein enormes Aquädukt, große Brunnen und 13 Bäder für die rituellen Reinigungen.

4) Der **Aufstand** jüdischer Kreise gegen die Römer im Jahre 66 n.Chr. ließ Nero sofort handeln Er schickte Legionen unter Vespasian, und sie unterwarfen ab März 67 Galiläa, Samaria und Perea. Am 21.6.68 eroberten sie Jericho. Qumran bekam Angst.
Die Essener wickelten die Rollen in Tücher, stopften sie in Keramikvasen und verbargen sie in Höhlen. Sie verteidigten sich gegen die Römer, aber alle starben.

5) Von den 900 Manuskripten in Qumran sind 200 **biblische** Abschriften, 350 **apokryphe**, die nicht in die Bibel aufgenommen wurden, und 350, die von den **Riten** und Gebräuchen der Essener berichten.

6) Die 200 biblischen sind auch deshalb bedeutsam, weil sie ins 1. Jh. **vor** Chr. zurückreichen. Die bisher ältesten Handschriften des AT stammen aus dem 9. Jh. **nach** Chr. Wir sehen im Vergleich, dass die alttestamentlichen Texte über 1000 Jahre hin **getreulich** überliefert wurden.

7) Von den *Psalmen* haben wir in Qumran 30 Kopien, vom *Deuteronomium* 27, von *Jesaia* 20. *Ein* Buch freilich wurde nicht gefunden: *Esther*. Drei Gründe werden dafür angeführt; Esther war mit einem heidnischen König verheiratet; das Purimfest, das auf Esther zurückgeht, feierten die Essener nicht; das Buch erwähnt in seiner hebräischen Fassung nie den Namen Gottes.

Was die Juden als deuterokanonisch bezeichnen (Tobias, Prediger, Judith, Makkabäer, Baruch, Weisheit), findet sich in Qumran auch nicht außer *Tobias* (5 Kopien) und *Prediger* (2 Kopien).

8) **Acht** Spezialisten haben Tausende von Manuskriptfetzen bearbeitet und ließen niemand mitarbeiten. So verzögerte sich Jahr für Jahr die Arbeit, bis 1991 Folgendes passierte: zwei USA-Forscher publizieren ein Buch mit dem Titel „Der **Skandal** der Rollen vom Toten Meer". Sie behaupten darin, **Jesus** sei nicht der friedliche Heiland, wie wir ihn kennen. Nichts von Liebe und Verzeihung! Er sei ein kämpferischer **Rebell** gewesen und der Urheber einer heimlichen Protestbewegung gegen die Römer. Erst Paulus habe Jesus umgeformt, deshalb hüte der Vatikan das Geheimnis der Rollen.

9) Da erlaubte man einer weiteren **Expertengruppe** die Arbeit. Sie stellte auch klar, dass die Texte unmöglich von Jesus sprechen könnten, weil sie ja aus dem 1. Jh. **vor** Chr. stammten.

Außerdem verkündete Jesus das **Reich Gottes**, die Essener dagegen erwarteten den Tag Gottes, während sie die Schriften studierten.

10) Aber Gott handelt nicht ohne uns, sondern **durch** uns. Wir sind gerufen, im Geist Jesu die Welt zu verwandeln in ein Reich der Gerechtigkeit, der Liebe und des Friedens, auch wenn der Zeitpunkt der Erfüllung Gott vorbehalten ist.

Wann feierte Jesus das Letzte Abendmahl?

1) Für Juden beginnt der Tag nicht um Mitternacht, sondern am **Vorabend** gegen 17 h. Im Jahr 30 war das Passahfest an einem **Samstag**. Folglich feierte Jesus mit den Seinen das letzte Mahl am Donnerstag zuvor, dem Tag vor dem Passahfest (Joh 13,1). Jesus starb dann am folgenden Tag (Freitag) um 15 h. An diesem „Karfreitag" begann dann laut dem **Johannesevangelium** das Passahfest um 17 h.

2) Die **Synoptiker** (Mk, Mt, Lk) betonen aber, dass das Mahl **am** Passahfest von Jesus gefeiert wurde. Das Mahl der „Ungesäuerten Brote" und das geschlachtete Passahlamm wurden am ersten Tag des sieben Tage dauernden Passahfestes gegessen (Lk 22,1; Mk 14,12; Mt 26,17). Jesus feierte folglich am Karfreitag und starb am Karsamstag. Was stimmt nun?

3) Die Manuskripte von **Qumran** (1947 gefunden) haben eine Lösung gebracht. Zur Zeit Jesu sind **zwei Kalender** üblich. Der eine ist der **Sonnenkalender** mit 364 Tagen. Bei ihm fallen alle wichtigen Feste auf den dritten Tag der Schöpfung, also Mittwoch, denn am dritten Tag schuf Gott nach der Genesis (1,16) Sonne, Mond und Sterne.
Etwa 2 Jh. v. Chr. legten die Priester des Tempels einen **neuen** Kalender fest. Das war der **Mond-Sonnen-Kalender** mit 365 Tagen. Nach ihm konnte das Passah auf jeden Tag der Woche fallen.
Nicht alle akzeptierten diesen neuen Kalender, auch die Essener nicht.
Die Synoptiker stimmen mit dem **alten** Kalender überein, nach welchem Jesus am selben Tag wie Passah, also Kardienstag nach 17 h, das letzte Abendmahl feierte. Johannes benützt den **neuen** Kalender; also feierte Jesus am Gründonnerstag.

4) Wenn Jesus nach allen vier Evangelien am Karfreitag gestorben ist, aber am **Kardienstag** das letzte Mahl gefeiert hat, erklärt sich auch die Vielzahl der Ereignisse

dazwischen: Verhör vor Hannas, vor Kaiphas und vor dem Sanhedrin (71 Mitglieder) mit der beschlossenen Verurteilung Jesu. Dazu kommen das Verhör des Pilatus und die Begegnung mit Herodes. Schließlich das Barrabas-Intermezzo und der Traum Proculas (Frau des Pilatus), die Geißelung, die Dornenkrone usw.

5) Wir haben also **folgenden Verlauf der Karwoche:**

Dienstagnacht > Passahmahl, Ölberg

Mittwochmorgen > Sanhedrin 1, Zeugen, jüdisches Gefängnis

Donnerstagmorgen > Sanhedrin 2, Pilatus, Herodes, römisches Gefängnis

Freitag > 2. Verhör Pilatus mit Barrabasszene, Geißelung, Dornenkrone, Todesurteil mit Kreuzigung gegen Mittag, Tod um 15 h

6) Gemäß diesem Ablauf hat der Sanhedrin das Gesetz eingehalten, denn er musste sich tagsüber treffen (Mischna). Am Sabbat und seinem Vortag darf kein Todesurteil gefällt werden. Nach dem neuen Kalender geschah dies ja bereits am Mittwochmorgen. Niemand durfte auch nach der Verhaftung innerhalb von 24 Stunden zum Tod verurteilt werden, sondern erst danach.

Die 12-Apostel-Lehre, Bischof Victorinus (+304) und Bischof Epiphanias von Salamis in Zypern (+403) bestätigen, dass Jesus am Dienstagnacht gefangen genommen wurde.

7) Die **Passion Jesu** begann folglich nicht erst in der Nacht des Gründonnerstags, sondern bereits **Dienstagnacht** nach dem gemeinsamen Mahl Jesu mit den Seinen.

So wie er seiner Berufung treu geblieben ist, lädt er auch **uns** ein.

Lilit – ein biblischer Dämon?

1) Eine der **rätselhaftesten** Gestalten der Bibel ist Lilit. Sie hat einige **Wandlungen** durchgemacht, bis sie etwas ganz Anderes wurde als ursprünglich gezeichnet. Sie beginnt als Wüstenbewohnerin, umgeben von Schakalen. Dann wird sie zu einem verführerischen Dämon. Man sieht in ihr die erste Gattin Adams – vor Eva! Ihr wachsen Flügel und sie wird eine Kindstöterin. In der Neuzeit wandelt sie sich zur Frauenrechtlerin.

2) Das **Jesaiabuch** spricht als erstes von ihr in einem Gedicht, das von der Zerstörung Edoms handelt, einem Nachbarland Judas am Ostufer des Toten Meeres. Seit Saul und David gab es immer wieder Konflikte zwischen den beiden Völkern (1 Sam 14,47; 2 Sam 8,14), vor allem seit Edom eine Schwäche Judas nutzte und sich einen Teil Judas einverleibte.
Israels Propheten kritisieren dies heftig (Jer 49,7-22; Ez 25,12-14; Obadja 2-18). Ebenso ein anonymer Autor, dessen Worte dem Jesaiabuch eingefügt wurden. Da taucht auch **Lilit** auf (Jes 34, 13-15).

3) Wer ist Lilit? Ein nächtliches Monster? Ein Nachtdämon? Ein Schreckgespenst? Eine Hexe? So übersetzen manche. Die LXX (Septuaginta >griechische Übersetzung des Hebräischen Originals) spricht von einer mythologischen Gestalt: halb Esel, halb Mensch. Die Vulgata (lateinische Bibelübersetzung des Hieronymus) sagt „lamia" und meint eine Schlange mit weiblichem Kopf. Luther sagt „Kobold".

4) Der Autor (Jes 34) nennt 8 Tiere, 4 davon sind wilde: Schakal, Wildkatze, Hyäne, Wildziege. Von den andern 4 sind 3 Vögel: Turmfalke, Eule, Geier. Entsprechend dem Parallelismus der hebräischen Sprache wäre Lilit ein **nächtlicher Raubvogel.**

5) Im babylonischen **Exil** (6.Jh.v.Chr.) lernen die Juden Lilit kennen als perversen weiblichen Dämon der Nacht. Als die Juden wieder heimkehren dürfen, wandelt sich Lilit in diesen weiblichen Nachtgeist. Darauf weist auch der Talmud hin, eine Sammlung rabbinischer Schriften um 500 n. Chr.

6) Fünfmal wird Lilit im **Talmud** erwähnt: ein weiblicher Dämon mit langem Haar und mit Flügeln. Besonders gefährlich wird sie für Alleinschlafende. Lilit raubt ihnen Samen und zeugt weitere Dämonen.
In **Mesopotamien** (3.Jh.n.Chr.) wandelt Lilit sich in ein Wesen, das Gebärende und geborene Babys tötet. Keramikfunde in Nippur weisen darauf hin.

7) Im 8. Jh. wird Lilit zur **ersten** Frau Adams. Davon spricht das anonyme Werk „Das Alphabet des Ben Sirach" ums Jahr 900. Es versucht, die beiden Schöpfungsberichte von Gen 1 und 2 zu „versöhnen". Adam und Lilit wurden gemeinsam erschaffen, aber sie stritten sich häufig. In der sexuellen Beziehung wollte Lilit nicht unter Adam liegen. So sprach Lilit den Namen Gottes aus und flog aus dem Paradies davon.
Adam beklagte sich bei Gott, und er schuf aus einer Rippe Adams die Eva. Lilit wiederum attackierte Gebärende und Babys. Aber wenn es in einem Haus Amulette mit Lilits Namen gab, verschonte sie alle.

8) Um 1250 gibt es durch den **Rabbi** Moses von León nochmals eine Wandlung. 56 Mal erscheint Lilit in seinem Werk. Die Aussage der Genesis „Gott schuf den Menschen, als Mann und Frau schuf er sie" (1,27), deutet der Rabbi androgyn. Dieses Bild gibt es ja bereits bei Platon. Während es da aber ein Bild der Suche von Mann und Frau nach Gemeinsamkeit ist, deutet der Rabbi es als Bild des Streites und der Trennung.

9) In der **Neuzeit** sehen einige Autoren Lilit als verführerische Frau, als Sinnbild für

Unzucht und Zügellosigkeit. Bei Goethe (Faust), Victor Hugo, Stephen Langdon und C.S.Lewis behält sie ihr negatives Format.

10) Biblisch (Jes 34) bleibt Lilit ein nächtlicher **Jagdvogel**, nicht mehr! Der Prophet will in diesem Kapitel nichts anderes zeigen, als dass Gott auf der Seite dessen ist, der leidet.

Verschiedene Gestalten der Bibel erlitten das gleiche Schicksal wie Lilit und erweckten so in der Bibel eine brutale, verwirrende, ja dämonische Botschaft. Dagegen ist die Bibel eine Botschaft der Vitalität von großer Wertschätzung des Menschlichen. Dies lehrt uns die heutige Bibelwissenschaft. Darum gilt Louis Pasteur: „Wenig zu wissen entfernt uns von Gott, vieles zu wissen bringt ihn uns näher." Aber es gilt auch Thomas von Aquin: „Unsere Unwissenheit von Gott ist größer als unser Wissen." Gott ist und bleibt ein Geheimnis, aber alles Wissen hilft uns, dieses Geheimnis **tiefer** zu bewundern und zu bestaunen; und immer will dies ins **Gebet** führen.

Wie entstand das Buch Exodus?

1) Der Auszug der Hebräer aus Ägypten nach 430 Jahren Sklaverei ist zweifellos das **wichtigste** Ereignis in der Geschichte Israels. Der wunderbare Durchzug durch das Rote Meer, das danach das ägyptische Heer verschlungen hat, ist unvergesslich. Doch wie steht es um diese Geschichte?

2) Wir haben **zwei** verschiedene Daten: das **15.** Jh. (1 Kön 6,1) und das **13.** Jh. (Ex 1,11). Beim ersten wäre es das Jahr 1447 v.Chr., als Tutmosis III. regierte. Doch die Städte Pitom und Ramses existierten damals noch nicht. Das zweite Datum fällt in die Zeit von Ramses II. Nur finden wir in ägyptischen Chroniken nichts über diesen Auszug. Ramses starb nicht im Meer (Ps 136,15), sondern im Bett mit über 90 Jahren. Auch sein Erstgeborener starb nicht so, wie Ex 12,29 sagt, noch versank sein Heer im Meer (Ex 15,4).

3) Ägypten erwähnt normalerweise in seinen Chroniken jene Völker, die versklavt wurden. Aber **nirgends** taucht Israel auf.

Ramses hat einige militärische Festungen gebaut. Überall gibt es Wachen. Ein Papyros erwähnt, dass einmal 2 Sklaven flohen. Wie sollen dann 2 Mill. Israelis **unbemerkt** verschwunden sein? Wie sollen sie danach in der Wüste während 40 Jahren keinerlei Spuren hinterlassen haben? Auch in der Oase Kadesch Barnea, wo Israel (Deut 2,14) insgesamt 38 Jahre lebte, haben Archäologen **keinerlei** Spuren gefunden.

Die Auseinandersetzungen bei der Landnahme mit den Edomitern (Num 20), den Amoräern (Num 21) und den Moabitern (Num22) sind unwahrscheinlich, da diese Reiche damals noch gar nicht existierten.

4) Angesichts dieser Tatsache schlagen manche vor, den Exodus als eine **Legende** anzusehen, die zeigen will, wie Gott Israel vor Gefahren bewahrt hat.

Aber können wir den biblischen Verfassern einfach unterstellen, sie hätten diese Geschichte aus dem Nichts erfunden?

5) Wir wissen heute, dass Tutmosis III. im 15. Jh. die Region **Kanaan** eroberte. Er richtete dann mehrere ägyptische Verwaltungszentren ein. So war Kanaan aufgeteilt in einzelne ägyptische Stadtstaaten. Er und seine Nachfolger bauten ein Netz von Befestigungen. Die Bevölkerung musste Korn und Geschenke an den Pharao abgeben. Der Amarnabrief 288 erwähnt außerdem 10 Sklaven, 80 Gefangene und 21 „Mädchen, sehr schöne ohne jeden Defekt"!
Im 13. Jh.v.Chr. begannen einige kanaanäische Einheiten, sich selber zu organisieren und den Namen „Israel" anzunehmen. Aber noch waren sie Ägypten unterstellt.

6) Die harte Unterdrückung führte zu verschiedenen **Aufständen**, z.B. im Jahr **1207**. Der Pharao Merneptah begann einen Kreuzzug, um die Aufstände niederzuschlagen. Auf einem Gedenkstein ließ er „Israel" erwähnen. Dies ist das **erste** Zeugnis in der Geschichte Israels, das wir kennen, wo der Name „Israel" auftaucht.

7) 350 Jahre lang hat Ägypten das Land Kanaan mit eiserner Hand regiert, als sich 1150 die Situation ändert. Mehrere Völker, die sog. Völker des Meeres, überfallen ägyptisches Land. Der Pharao konzentriert darauf seine Macht im eigenen Land. Nach und nach muss er Kanaan **aufgeben**. Die ägyptische Verwaltung bricht zusammen, und Kanaan wird frei vom ägyptischen Joch.

8) Eine **neue** Ära beginnt für die Israeliten in Kanaan. Wir wissen nicht, ob Israel den wahren Grund gekannt hat. Jedenfalls führt Israel diese erstaunliche Befreiung direkt auf Gott zurück. 'Jahwe hat uns befreit vom ägyptischen Joch', so sagt man. Israel war also nicht aus Ägypten geflohen, sondern aus ägyptischer Jurisdiktion frei geworden. Nicht Israel war aus Ägypten ausgezogen, sondern Ägypten aus Israel. Diese Befreiung

figuriert künftig als „Auszug aus Ägypten".

9) Die Erinnerung an jene Befreiung wurde wach gehalten, besonders im nördlichen Teil Israels. Mit der Zeit ging der historische Kontext wohl verloren. Die Sklaverei **durch** Ägypten wandelte sich zur Sklaverei **in** Ägypten. Wie kam es dazu?

10) Im 9. Jh.v.Chr. erscheint eine **neue** militärische Macht im Orient: **Assyrien!** Schrecken verbreitet diese Macht, die auch vor Deportationen nicht zurückschreckt. Die brutale Weise der Deportation weckt offensichtlich in Israel die Idee, dass dies ja **schon einmal** so war. **Amos** (2,10; 3,1; 9,7) und **Hosea** (2,16f; 9,10; 11; 12,10-14; 13,4f), zwei Propheten des 8. Jh., sprechen zuerst vom „Exodus". Hier also taucht dieser Gedanke zum 1. Mal auf.

11) **Zwei Fragen** bleiben allerdings: 1. Woher haben wir einen so detaillierten Reiseweg durch die Wüste, wie ihn Exodus schildert? Woher kommt denn diese Schilderung, wenn sie wohl so nicht stattgefunden hat? Zwar weiß die Archäologie um Karawanenrouten, die bekannt sind, aber erst seit dem 8. Jh. - 2. Welche Rolle spielt Moses, falls es keinen Auszug gegeben hat wie geschildert? Seine Geburtsgeschichte erscheint wie eine Kopie von Sargon II. (+705). Wandelt Moses sich erst im Lauf der Zeit zum Gesetzgeber?

12) Die **Hintergründe** für die Exodusgeschichte:
1. Im 12. Jh.v.Chr. zieht Ägypten sich aus Kanaan zurück.
2. Im 8. Jh. geschieht die Befreiung samt der Wüstengeschichte.
3. Im 7. Jh. entsteht die Figur des Moses.
4. Im 7. Jh. versucht der Pharao Psameticus eine neuerliche Besetzung Kanaans, scheitert aber an König Josias, der das Volk im Glauben an den Befreiergott Jahwe stärkt.

13) Für die **Christen** wandelt sich der Exodus in die Auferstehung Christi: die Befreiung von allen Fesseln der Sünde. Gott will unsere Freiheit. Die nötige Befreiungsarbeit liegt in unseren Händen. Wenn wir uns aufmachen, wird der Stab des Mose das Meer eröffnen!

Predigte Jesus mit Parabeln oder Allegorien?

1) Jesus hat oft Geschichten erzählt. Die Leute haben ihm gern zugehört. Immer wieder fügt er **Parabeln** ein, so dass die Bauern Galiläas ihn gut verstehen. Nur der Evangelist **Johannes** verwendet keine Parabeln, sondern **Allegorien**. Hat nun Jesus Parabeln oder Allegorien verwendet?

2) Durch Parabeln wird Jesu Sprache für die einfachen Leute eingängig. So ist Jesu Sprache höchst klar und einfach. „Parabel" meint einen **Vergleich**. Es geht also um eine Kurzgeschichte, die uns durch einen Vergleich eine **Lebensweisheit** schenken will. Wir finden 48 Parabeln in den Evangelien. Im AT gibt es nur 5: Ri 9,8-15; 2 Sam12,1-12; 2 Sam 14,5-8; 2 Kg 14,9; Jes 5,1-7.

3) Parabeln gehen aus vom **täglichen** Leben der galiläischen Bauern, Hirten, Fischer, Kaufleute, Steuereinzieher, Verwalter, Hausfrauen, Pförtner, Richter, Militär, Mütter, Väter. So sehen sich die Leute in den Parabeln gespiegelt.

4) Manche zeigen Jesu **Humor**: Wenn ein Schäfer 99 Schafe zurücklässt, weil er einem verirrten nachgeht, sind dann die 99 noch da, wenn er zurückkommt?? Oder wenn eine Hausfrau Sauerteig in einen Teig von 40 Kilo(!) Mehl gibt - so kann nur ein Mann reden, der vom Backen keine Ahnung hat! Oder verkauft ein Bauer sein Land, um einen Schatz zu gewinnen? Hat er soviel Land?? Oder wenn ein König 10 000 Talente leiht...wer hat solch eine Riesensumme? 8600 Personen müssten je einen Sack mit 30 kg Münzen tragen...das wäre eine Schlange von 9 km!
In diesen „maßlosen" Geschichten spiegelt sich die unendliche Güte Gottes.

5) Im **Johannesevangelium** spricht ein ganz **anderer** Jesus. Er verwendet keine Parabeln, sondern **Allegorien**, z.B. der **Türhüter** in 10,1-5. **Jedes** Bild enthält eine

Botschaft: Tür, Stall, Räuber, Hirte, Türsteher. Oder der **Gute Hirte** in 10,11-18. Oder der **Weinstock** in 15,1-8. Die Parabel hat nur einen einzigen Vergleichspunkt, die Allegorie mehrere.

6) **Vier Unterschiede** zwischen Parabel - Allegorie:

1. **Ein** Vergleich und eine Lehre – mehrere Vergleiche und Lehren

2. Einzelheiten haben keine Bedeutung – jede Einzelheit hat eine Botschaft

3. Die Elemente haben ihren normalen Sinn – die Elemente haben einen symbolischen Sinn

4. Es gibt **eine** Botschaft am Schluss – ständige Botschaften (z.B. Joh 10: Schaf>Glaubende, Hirte>Jesus, Dieb>falscher Prophet)

Die Allegorie ist als literarische Form gepflegter als die Parabel. Sie ist für Hörende schwieriger zu verstehen. Darum ist es unwahrscheinlich, dass der historische Jesus sie benutzt hat. Warum verwendet sie das Joh-Evangelium?

7) Im Jahr 100 sind die Hörenden der Botschaft des Evangelisten nicht die Bauern Galiläas, sondern **Gebildete der griechischen Kultur**, besonders in Ephesus („Kleinrom"). Als das Evangelium im Jahr 100 seine letzte Redaktion erhält (siehe Schatzkiste 1, S.90), legt der Evangelist Allegorien in Jesu Mund.

Der deutsche Biblist A. Jülicher hat 1889 die Unterschiede zwischen Parabel und Allegorie aufgezeigt. Dagegen hatte z. B. Augustinus die Parabel vom barmherzigen Samariter allegorisiert und damit die Intention Jesu verdeckt; sie kulminiert in dem einen Satz: „Geh hin und tu desgleichen!" Auch andere Kirchenväter allegorisierten Parabeln. Insofern war Jülichers Buch eine kopernikanische Wende.

8) Freilich hat bereits die **Urkirche** uns drei allegorisierende Parabeln Jesu hinterlassen: 1. der Sämann (Mk 4,3-8 >>13-20), 2. das Unkraut (Mt 13,24-30 >>36-43), 3. die bösen

Arbeiter im Weinberg (Mk 12,1-12). Warum? Manche Parabeln Jesu verloren wohl in der Urkirche ihren Sinn und wurden dann an die aktuelle Situation angepasst. So bekamen sie durch Jesu Mund mehr Autorität.

9) Jesus war ein großer Parabelerzähler. So zeichnete er das **Reich Gottes** als gegenwärtiges samt der Logik Gottes. Damit trat Jesus in Gegensatz zum **Tempelkult**. Dieser ertrug diese Art Lehre nicht. Darum kam Jesus zu Fall. Liebe, grenzenloses Verzeihen, Lebensfreude und die bedingungslose Gnade Gottes brachten das religiöse System ins Wanken.

10) Leider hat der späteren Kirche die Schlichtheit Jesu ebenso wenig gefallen. So hat man daraus ein **Lehrgebäude** errichtet, hinter dem Jesus und sein schlichter Gott der Liebe verschwanden.

Aber ihn brauchen wir wieder, ihn, der die menschliche Lebensfreude fördert, der nicht dämonisiert oder gar zur Hölle schickt, der Sexualität nicht verurteilt und der Irrtümer verzeiht, kurz: Jesus mit seiner **Herzensbotschaft.**

Warum berichtet die Bibel drei verschiedene Todesarten von König Saul?

1) Der Tod von König Saul, dem ersten König Israels, ist eines der großen biblischen Rätsel. Saul sah sich von Gott berufen, Israel aus der Hand der Philister zu befreien. Während einer Schlacht starb er, wurde enthauptet und an der Stadtmauer aufgehängt (1 Sam 31,1-10). Wie starb Saul?

2) Eine **erste** Version sagt: Selbstmord durch sein eigenes Schwert (1 Sam 31,4-6). **Zweite** Version: Saul bittet einen jungen Mann, er möge ihn umbringen (2 Sam 1,1-10). Die **dritte**: die Philister töten ihn (2 Sam 21,12). In einem **vierten** Bericht (1 Chr 10,13-15) sagt der Verfasser angesichts der drei Versionen: Gott ist verantwortlich für Sauls Tod wegen dessen Untreue und Ungerechtigkeiten.
Was also war es nun: Selbstmord, Euthanasie oder Mordanschlag?

3) Die erwähnte Schlacht ist im Jahr **1007 v. Chr.** Saul erfährt, dass er von Norden her angegriffen werden soll bei den Bergen von Gilboa (1 Sam 28,4). Er weiß, dass er den Philistern an Zahl und Bewaffnung unterlegen ist. Beim ersten Zusammenstoß fliehen Sauls Truppen. Sie werden verfolgt, und die drei Söhne Sauls werden durch Pfeile tödlich getroffen. Auch Saul wird aufgestöbert, umzingelt und durch Pfeile schwer verwundet. Saul begreift: es ist aus! Da befiehlt er seinem Schildträger, ihn mit dem Schwert zu töten, „um nicht den Unbeschnittenen in die Hände zu fallen". Dieser will nicht, so stürzt Saul sich selber ins Schwert, der Schildträger in sein eigenes und Sauls Mannen tun dasselbe.

4) Woher **weiß** aber der biblische Autor diese Episode, wenn niemand überlebt hat? Wie kann sich außerdem der schwerverletzte Saul in sein eigenes Schwert stürzen? Wenn außerdem Sauls Tod eine Strafe Gottes wäre, dann wäre sein Selbstmord noch beschämender. Saul erschiene als Feigling. Schließlich bemächtigen sich nach dem

biblischen Bericht die Philister von neuem Israels, also ist Sauls politischer Erfolg gleich Null und sein Tod umso demütigender.

5) Bald merken die Israeliten, dass sie diese **schmähliche** Version von Sauls Tod nicht so belassen können. Darum entsteht die **zweite Version** (2 Sam 1): David erfährt von einem Amalekiter, er habe den schwer verwundeten Saul auf dessen Befehl hin umgebracht. Darauf beginnt David, um Saul zu trauern. Zugleich lässt er den Amalekiter umbringen, weil dieser den Gesalbten Gottes getötet hat. Ist das gerecht? Diese Version unterscheidet sich von der ersten: statt Bogenschützen umzingeln Reiter den Saul; statt dem Schildträger muss ein Amalekiter den Saul töten; statt Schwert haben wir eine Lanze; Krone und Armring bringt der Amalekiter dem David, während sie in der ersten Version am toten König bleiben als Erkennungszeichen für die Philister.

6) Auch die zweite Version birgt **Probleme** in sich: Wie können Reiter und Wagen auf den abschüssigen Hängen Gilboas Saul umringen? Wieso taucht plötzlich ein Amalekiter auf? Wieso will Saul durch die Hände eines Fremden sterben, mit dessen Volk Saul in Feindschaft lebt? Wieso werden die königlichen Insignien einem unbekannten David gebracht und nicht dem vierten Sohn und Thronfolger Sauls?

7) Gemäß der **dritten** Version (2 Sam 21,12) töten die Philister den Saul. David holt als König die Überreste des Saul, um sie würdig zu bestatten.
Der Verfasser der Samuelbücher sieht diese drei Versionen und lässt sie alle bestehen.
Die **wahrscheinlichste** Version ist diese: die Bogenschützen der Philister töten Saul.
Man enthauptet ihn. Der Kopf kommt in den Tempel des Gottes Dagon in Bet-Schean (1 Chr 10,10), die Waffen in den Astarte-Tempel (1 Sam 31,10), der Leichnam wird zur Schau an die Mauer geheftet.
Die Bewohner der Nachbarstadt **Jabesch-Gilead** hören davon; sie sind Saul dankbar verbunden. Bei einer nächtlichen Invasion holen sie Sauls Leichnam, verbrennen ihn

und begraben die Überreste in siebentägiger Trauer (1 Sam 31,11-13). Später lässt König David die Gebeine im Grab von Sauls Vater Kisch in Zela begraben (2 Sam 21,12-14).

Die Absicht der biblischen Berichte ist diese: Saul **opfert** sein Leben für sein Volk.

1) Das traurigste Buch der Bibel sind die **Klagelieder**. Aber in ihnen handelt es sich um ein Buch, das wie kaum ein anderes **revolutionäre** Ideen enthält durch Sprache und Form. Es sind nur **fünf Gedichte**, die von der Tempelzerstörung im Jahr 587 v. Chr. sprechen.

2) Die sprachliche Form ist ein **Akrostichon**: der erste Buchstabe von jedem Vers ergibt – vertikal gelesen – einen Sinn. Hier sind es die 22 Buchstaben des hebräischen Alphabetes.

3) Im zentralen dritten Gedicht beginnen die ersten drei Verse jeder Strophe mit demselben Buchstaben.

4) Das fünfte Gedicht ist kein Akrostichon, sondern besteht wie das Alphabet (22 Buchstaben) aus 22 Versen. All dies drückt den **Schmerz** des Verfassers aus. Seine Worte erschöpfen sich. Es bleibt nichts mehr zu sagen.

5) Die Strophen der ersten 3 Gedichte bestehen aus 3 Versen, das 4. Gedicht hat 2, das 5. nur noch 1 Vers. Der Schrei des Autors **erlischt** gleichsam.

6) Traditionell nennt man Jeremia als **Autor**, ist er doch der einzige Prophet, der die Katastrophe des Jahres 587 erlebt hat. Wir wissen aber, dass er kurz nach der Zerstörung Jerusalems nach Ägypten floh und dort starb (Jer 43,6). Er dürfte kaum Zeit gehabt haben, diese kunstvollen Gedichte zu verfassen, zumal sie auch zu seinem sonstigen Stil nicht passen.

7) Heute nimmt man eine **Gruppe** von Autoren an, die von der Hinführung bis zur

Rückkehr aus der babylonischen Gefangenschaft ums Jahr 520 diese Verse verfasst haben. Ein weiterer Verfasser hat sie dann in Buchform herausgegeben.

Die Invasion Nabuchodonosors und die Zerstörung Jerusalems bis auf die Grundmauern durch den Befehlshaber seines Heeres hinterließen einen Schutthügel mit verkohltem Holz, das Füchse und Schakale durchstreiften.

8) Die Klagelieder sind ein **Zeugnis** dieser Katastrophe: Kinder verhungern, Leute durchstreifen die Gegend und suchen Essbares, verzweifelte Mütter kochen ihre eigenen Kinder und verspeisen sie. Leute fallen auf der Straße ohnmächtig um. Die Besatzer quälen und vergewaltigen, fordern Kinderarbeit und demütigen die Alten.

9) Drei frühere Invasionen (Damaskus, Assur, Ägypten) haben nicht soviel Unheil angerichtet wie die jetzige. Jahwe bewahrt doch die Seinen, so der bisherige Glaube. Und jetzt? Der Glaube von Jahrhunderten **zerbricht**. Jahwe scheint nicht mehr der zuverlässige Beschützer zu sein. Manche beten lieber zu den babylonischen oder ägyptischen Göttern.

Da erklärt eine **jahwetreue** Gruppe: Nicht Gott hat versagt, sondern er bestraft den Unglauben des Volkes! Nabuchodonosor hat nur den Willen Gottes vollstreckt (Klgl 2,1-9).

10) Freilich wird nie gesagt, **worin** konkret die Sünde des Volkes besteht. Propheten und Priester hätten unschuldiges Blut vergossen. Dies sei schlimmer als Sodoms Sünde. Aber was ist genau die Schuld?

11) Dennoch erscheint **Jahwe** als gerettet. Er ist nicht der Ohnmächtige, sondern der Machtvolle. In der Tat berichtet Jeremia von Trauerfeiern in den Ruinen. Was ist die theologische Neuheit der Klagelieder? Gott handelt nicht zugunsten der Welt, wenn der Mensch nicht mitmacht. Gott kann nicht in der Lüge, in Korruption oder im Unrecht wohnen.

In keinem anderen Buch der Bibel wird so sehr das wichtige **Mitwirken** des Menschen am Heil der Welt betont. Gott ist kein Lückenbüßer. Der Mensch trägt Verantwortung für die Welt. Gott wirkt in uns, aber er ersetzt uns nicht. Er ist „die Kraft meiner Kraft" (Jes 49,5).

Augustinus sagt darum: „Bete, als würde alles von Gott abhängen, aber dann handle so, als hinge alles von dir ab."

Wann entstand die Geschichte von der Ehebrecherin?

1) Die Pharisäer präsentieren Jesus eine Ehebrecherin. Das Gesetz schreibt vor, sie zu steinigen. Falls Jesus zustimmt, ist er unbarmherzig; falls er ablehnt, bricht er das Gesetz. Wie entgeht Jesus dieser **Falle**? Einfach genial: „Wer ohne Sünde ist, werfe den ersten Stein!"

2) Diese Geschichte findet sich **nur** im Johannesevangelium, aber nicht in den ersten Handschriften. Vielleicht sah man sie in der frühen Christenheit für gefährlich an und verschwieg sie lieber. Erst im 5. Jh. taucht sie in einer Handschrift auf. Also war sie vorher unbekannt. Die Wortwahl entspricht auch nicht der des sonstigen Evangeliums. 15 Worte dieser Geschichte tauchen im übrigen Evangelium nie auf, z.B. Olivenberg, künftig, beim Morgengrauen, ehebrechen, sich herunterbeugen, die Ältesten usw.

3) Manche vermuten, diese Geschichte passe eher zum Lukasevangelium. Lukas habe ja die Barmherzigkeit Gottes im Mittelpunkt. Aber auch hier ist die Wortwahl verschieden.

4) Zweifellos hat die Geschichte einen historischen Hintergrund mit Jesus. Sie ist wie alles andere erst mündlich erzählt worden. Als aber die schriftlichen Evangelien entstanden, wurde diese Geschichte **nicht** aufgenommen. Vielleicht hatte man den Eindruck, Jesus nehme die Tat der Frau zu sehr auf die leichte Schulter. Schließlich sah Lev 20,10 die Todesstrafe vor. Auch Paulus verurteilt Ehebruch (1 Kor 6,9-10), ebenso Hebr 13,4 und auch 2 Petr 2,14.

5) Eusebius von Cäsarea (4. Jh.) erwähnt **Papias** von Hierapolis, der sich auf die Ehebruchsgeschichte bezieht. Aber dessen Schrift ging verloren. Das apokryphe Evangelium der Hebräer (um 140) erwähnt diese Geschichte, so berichtet ebenfalls

Eusebius. Um 220 spricht die Apostellehre auch von ihr.

6) Mit der Zeit kehrte mehr **Toleranz** in der Kirche ein. Da hatte wohl ein unbekannter Autor die geniale Idee, die Geschichte dem Johannesevangelium einzufügen. Um 370 erwähnt Didimus der Blinde in einem Kommentar, er habe diese Geschichte „in gewissen Evangelien" gefunden. Ambrosius von Mailand bezeugt dann 383, er habe sie im Johannesevangelium gelesen. Hieronymus fügt sie in die Vulgata ein, obwohl er etwas unsicher ist. Aber er hat sie in „vielen Handschriften" gefunden.

7) Aus dem 5. Jh. haben wir die **erste** Handschrift erhalten, die die 4 Evangelien und die Apostelgeschichte umfasst: den **Codex Beza**. Der französische Theologe Beza fand sie im 16. Jh. in den Ruinen eines Klosters zu Lyon. In Joh 8,1-11 steht die Geschichte. Von den 1428 Manuskripten, die wir vom Johannesevangelium haben, führen 1370 die Geschichte in Joh 8. Dagegen haben 58 Handschriften sie an anderer Stelle.

8) Die Geschichte von der **Barmherzigkeit** Jesu, die das göttliche Herz spiegelt, ist so wichtig für die christliche Kirche!

Vgl. auch Schatzkiste Teil 2, S. 92 (Eine interessante Deutung!)

War Maria unterm Kreuz?

1) Michelangelos Pietà ist eindrücklich. Ebenso gibt es zahllose Darstellungen der Mutter Jesu unterm Kreuz. Ein viel besungenes Motiv ist „Stabat Mater".

2) Die drei Synoptiker (Mt, Mk, Lk) erwähnen Frauen , die an der Passion Jesu teilnehmen, aber **keiner** nennt die Mutter Jesu.

3) **Maria** begleitet ihren Sohn Jesus nach dem Zeugnis der Evangelien **nicht** in seinem öffentlichen Leben. Wäre sie in den letzten Tagen bei ihm oder in seiner Nähe gewesen, hätten die Synoptiker sie sicher erwähnt.
Nur im Johannesevangelium taucht sie auf (19,25-27). Zusätzlich zu den drei erwähnten Frauen bei den Synoptikern, taucht hier die Mutter Jesu als vierte Frau auf. Während dort die drei Frauen von der Ferne zuschauen, sind hier die Vier unter dem Kreuz.

4) **Historisch** ist das schwierig, denn nach Sueton war es Familienangehörigen verboten, sich einem Gekreuzigten zu nähern. Tacitus sagt dasselbe. Auch das Gespräch des erstickenden Gekreuzigten mit Maria und dem Lieblingsjünger erscheint schon rein medizinisch als schwierig.

5) Offensichtlich hat der Evangelist diese Szene geschaffen, um uns eine **Botschaft** zu hinterlassen. Man hat sie dreifach gedeutet: 1. als Sohnesliebe, 2. Maria als Mutter von uns allen, 3. als Symbol der Kirche.
Die ersten zwei Deutungen sind unwahrscheinlich, denn der Evangelist erwähnt Maria nur 4x in seinem Evangelium in einer kurzen Notiz: 1. Die Hochzeit zu Kana („Frau"!), 2. Jesus sei danach mit Mutter und Brüdern nach Kapharnaum gegangen, 3. nach der Brotvermehrung werden von den Juden Vater und Mutter Jesu erwähnt, 4. unterm

Kreuz („Frau").

6) Ephräm der Syrer und Ambrosius von Mailand deuten im 4. Jh. bereits Maria als **Kollektivpersönlichkeit**, ähnlich dem Lieblingsjünger. **Maria** symbolisiert dann die **Juden**, die sich dem Christentum zugewandt haben, der **Lieblingsjünger** dagegen die ehemaligen **Heiden**. Es handelt sich also um das **Zueinander** von Juden- und Heidenchristen. Die Heidenchristen respektieren die Judenchristen als Mutter und nehmen sie zugleich bei sich auf. Am Ende des 1. Jh. gab es ja gehörige **Spannungen** zwischen Juden und Christen. Der Evangelist sucht die **Harmonie**, die vom Kreuz ausgeht.

Auch die **Tunika**, die die Soldaten nicht teilen mögen, ist ein Symbol: sie stellt die christliche Gemeinde dar – **ungeteilt**, Juden und Heiden verbindend.

7) So hat auch der **Tod Jesu** für den Evangelisten eine **einende** Kraft. Darum lässt er den Hohepriester Kajaphas sagen, Jesus solle „nicht nur für das Volk sterben, sondern auch, um die versprengten Kinder Gottes wieder zu sammeln" (vgl. 11,50-52).

Folglich ergibt sich für uns als Kirche eine **Toleranz**, die den Andern in seinem Anderssein lässt. Nur so ist kirchliche Gemeinschaft möglich – ungeteilt und mit den Gaben versehen, die uns vom Geist Gottes geschenkt sind, um das Gemeinsame aufzubauen.

Jubelte die Menge bei Jesu Einzug in Jerusalem?

1) Zieht Jesus unter dem **Jubel** der ganzen Menge kurz vor dem Passahfest in Jerusalem ein? Kaum! Die Römer kontrollieren die Stadt und sind Demonstrationen gegenüber sehr auf der Hut. Wäre der Einzug so passiert wie in den Evangelien geschildert, hätten die römischen Soldaten sofort reagiert.

Außerdem: Warum hat in den folgenden Tagen niemand mehr gejubelt? Ja, wie kommt es, dass das Volk kurz danach die Kreuzigung Jesu fordert?

2) Immerhin berichten **alle** vier Evangelien dieses Ereignis. Ansonsten vermeiden sie alle Versuche, Jesus zum König auszurufen. Dennoch hat dieser Einzug sein Gewicht. Auch der Besitzer des Esels weiß offensichtlich Bescheid. So können die Jüngerinnen und Jünger ihm zujubeln, ohne einen Aufstand des ganzen Volkes zu provozieren. Die Leute kennen ja Jesus wohl kaum.

3) Die rufende **Jüngerschar** spricht nicht vom König und provoziert so keinen politischen Aufstand. Anschließend besucht Jesus den Tempel ohne weitere Zurufe und zieht sich darauf nach Betanien zurück. Außer der Jüngerschar jubelt also niemand Jesus zu.

4) Das Ereignis ist nach **Markus rein** jüdisch, ohne die Römer zu provozieren:

1. Darum reitet Jesus nicht auf dem Pferd, sondern auf einem **Esel**, dessen Bedeutung die Juden verstehen (1 Kön 1,38; Zach 9,9). Denn so reitet in jüdischen Augen der König, aber nicht in römischen.

2. Die ausgebreiteten **Kleider** erinnern an einen jüdischen Krönungstag (2 Kön 9,13).

3. Auch die **Zweige** erinnern an siegreiche jüdischen Könige (1 Makk 13,51; 2 Makk 10,7).

4. Das „**Reich Davids**" sagt nur jüdischen Ohren etwas. Jesus vergewissert die Seinen:

Gott ist im Kommen, um das Reich der Gerechtigkeit, der Freiheit und des Friedens anzukündigen.

5) Im Lauf der Zeit erweitert sich diese Jüngerszene für die Christenheit zum Beginn der letzten irdischen Lebenswoche Jesu mit seinem Leiden und Sterben.

6) **Matthäus** hat deshalb 10 Jahre nach der Urfassung durch Markus **neue** Elemente hinzugefügt (21,1-11): aus den Jüngerinnen und Jüngern wird eine große **Menschenmenge**, die die Straße mit Zweigen belegt und vor wie hinter Jesus mitzieht. Sie jubeln nicht vom Reich Davids, sondern von „Davids Sohn", der die **Monarchie** wieder in Israel errichtet.

Der Einzug in Jerusalem ist jetzt nicht mehr still, vielmehr ist die **ganze** Stadt bewegt und fragt sich, was da los ist. Sie erfährt: es handelt sich um den Propheten Jesus aus Galiläa.

7) Auch **Lukas** hat zum selben Zeitpunkt die Markusversion modifiziert (19,28-40). Die „**Menge** der Jüngerschar" schreit: „Gesegnet der **König**, der kommt!" Außerdem: „Friede im Himmel und Herrlichkeit in den Höhen!" Friede kommt also nicht durch einen irdischen Herrscher.

Ferner wollen die Pharisäer Schweigen gebieten. Jesus meint, dann würden die Steine schreien. Für Lukas ist die Szene eine klare Offenbarung des **Königtums Jesu.**

8) **Johannes** bringt ums Jahr 100 die maximale Steigerung (12,12-19). Die Menschen gehen Jesus entgegen, wissen sie doch schon, dass er der König ist. Sie nehmen nicht irgendwelche Zweige, sondern **Palmen**. Dass es in Jerusalem keine Palmen gibt, kümmert den Verfasser nicht. Palmen sind Zeichen des Sieges.

Jesus ist nicht einfach König, sondern König von Israel. Den Esel findet er hier mehr zufällig.

Drei Gruppen von Menschen applaudieren Jesus: **Pilger**, dann die **Leute**, die der

Auferweckung des Lazarus beigewohnt haben, und die **Bewohner** Jerusalems.

Die Jüngerschar weiß bei Johannes nicht, was los ist. Schließlich folgt „alle Welt" Jesus.

9) Wir sprechen gern vom Kampf im Alltag, im Leben, in der Krankheit, im Sterben. Vieles verwandelt sich in ein „Schlachtfeld". Wir Christen folgen dagegen einem König des Friedens und der Toleranz. Wir glauben an die Macht der **Liebe**.

Warum verließ Markus den Paulus bei der ersten Missionsreise?

1) Während der ersten Missionsreise des Paulus geschieht etwas Überraschendes: Johannes Markus, einer der Begleiter des Paulus, **verlässt** die Gruppe und kehrt in einem schwierigen Moment der Mission nach Jerusalem zurück (Apg 13,1-14). Warum?

2) Lukas, der Autor der Apostelgeschichte, gibt keine Erklärung. Er versucht gern, Konflikte zu verharmlosen. Aber es muss etwas Gravierendes passiert sein, sonst hätte Paulus es nicht abgelehnt, bei der zweiten Reise Markus mitzunehmen (15,36-40).

3) Die erste Missionsreise beginnt Anfang des Jahres 45. Die Idee dazu ist in **Antiochien** entstanden, wo Paulus gerade wohnt (13,1). Normal reisen gemäß Jesu Wort immer mindestens zwei Jünger zusammen (Mk 6,7). Paulus lädt außerdem Markus, den Vetter des Barnabas, ein, sie als Helfer zu begleiten.

4) Sie kommen zuerst nach **Zypern**, wo sie zwei Städte besuchen: Salamis und Paphos. Dann fahren sie an die Südküste Kleinasiens und kommen nach **Perge** in Pamphylien. Dort trennt sich Markus von ihnen.

Es ist unwahrscheinlich, dass Markus Angst bekommen hat, wie manche es annehmen. Ebenso wenig, dass Paulus eine ansteckende Krankheit bekommen hat und Markus Angst gehabt hat sich anzustecken. Andere meinen, Paulus habe die Führung dem Barnabas entrissen, was seinem Vetter Markus nicht gefallen hat. Doch warum soll Markus beleidigt sein, wenn Barnabas es nicht gewesen ist und weiterhin mit Paulus zusammengearbeitet hat?

5) Es gibt eine **Erklärung**, die wahrscheinlich ist. Paulus und Barnabas konzentrieren sich auf die Nichtjuden, also die **Heiden**. Damit ist der mehr konservative Jude Markus vermutlich nicht einverstanden. Deswegen verlässt er die Gruppe.

Apg 15,38 berichtet von einem Streit zwischen dem erbosten Paulus und Markus. Das „Werk", mit dem Markus nicht einverstanden ist, meint die Missionsarbeit von Paulus und Barnabas unter den Heiden.

6) **Markus** gehört zum **judenchristlichen**, mehr traditionellen Sektor der Christen von Jerusalem. In seinem Haus versammelt sich die Gruppe um Petrus und Jakobus (Apg 12,12.17). Diese Gruppe will sich nicht komplett von den Regeln des Mose trennen (Gal 2,11-14).

Markus kehrt auch nach seiner Trennung nicht nach Antiochien zurück, von wo er mit den Andern aufgebrochen ist, sondern geht nach **Jerusalem**. Bekommt ihm diese Luft besser als die der „Mischgemeinde" Antiochien? (Vgl. Schatzkiste 1, S. 53)

7) Nach Pauli Rückkehr tauchen in Antiochien mehr jüdisch orientierte Gemeindeglieder von Jerusalem auf. Dies veranlasst Paulus und seine Gefährten, nach Jerusalem zu reisen, um deutlich zu machen, was sie bewegt, nämlich die **Öffnung** der Kirche für die Heiden. Ist Markus Informant gewesen, weil die Boten so rasch von Jerusalem nach Antiochien gereist sind?

8) Interessant ist, dass Markus direkt nach der Bekehrung des römischen Gouverneurs in Zypern, Sergius Paulus, die Gruppe verlässt. War er damit nicht einverstanden? Übrigens nennt Lukas ihn immer mit seinem ersten (jüdischen) Vornamen *Johannes*, nicht mit dem heidnischen *Markus*.

9) Markus lehnt nicht die Öffnung der Christenheit für die Heiden grundsätzlich ab, sonst wäre er nicht nach Antiochien gegangen. Aber dass Paulus für die völlige Freiheit vom Gesetz eintritt, das ist ihm offensichtlich zu viel.

10) Als dann das sog. Apostelkonzil (Apg 15) die Linie des Paulus mit kleineren Ausnahmen bestätigt, gibt Markus seine Reserve auf und arbeitet wieder mit Paulus zusammen. Im Jahr 55, als Paulus aus dem Gefängnis an Philemon schreibt, ist Markus

an seiner Seite, wie aus dem Philemonbrief V. 23 hervorgeht.

Seine eigene „Bekehrung" führt Markus dazu, im Jahr 70 das erste Evangelium zu schreiben und es komplett den Heiden zu widmen (siehe Schatzkiste 1, S.3.) Hat er sich früher abgewendet von den Heiden, so widmet er jetzt seinen Eifer und seine Feder bewusst ihnen. Markus hat aus der Vergangenheit **gelernt** und sich dem umfassenden Geist Jesu des Auferstandenen geöffnet, der für die **Freiheit** der Kinder Gottes eintritt.

Schrieb Judas ein biblisches Buch?

1) Im NT gibt es einen Brief des Judas mit nur 25 Versen. Aber in diesen wenigen Zeilen entwickelt der Verfasser eine **Anklage** gegen die, die den Glauben der Christen zerstören. Er ermutigt zugleich die Christen, treu zu bleiben. Origines (3.Jh.) sagt über diesen Brief, er sei kurz, aber voll von himmlischer Gnade.

2) **Sechs** Personen tragen im NT den Namen Judas:
(1) Der bekannteste ist Judas **Iskariot** (Mt 10,4), einer der Zwölf. Er brachte sich um kurz vor Jesu Tod, kann also nicht der Autor sein.

(2) Judas, der **Sohn des Jakobus** (Lk 6,16), auch fälschlich Judas Thaddäus genannt. In Mt 10,3 wird Thaddäus erwähnt. Vermutlich sind es zwei verschiedene Personen. Aber auch er kann nicht der Autor sein, weil unser Autor sich gerade nicht als Apostel präsentiert (V. 17).

(3) Judas, **der Galiläer** (Apg 5,37); er organisiert im Jahr 6 eine Revolte gegen die Römer: ein subversiver Jude, der aber lange vor Jesus starb.

(4) Judas, ein Christ aus **Damaskus** (Apg 9,11), der Paulus beherbergte. Sonst ist nichts über ihn bekannt.

(5) Judas **Barsabas**, ein christlicher Prophet; im Jahr 48 wird er mit Silas ausgesandt, die Beschlüsse des Apostelkonzils in die Gemeinden zu bringen. Wir wissen sonst nichts über ihn, deshalb dürfte auch er ausscheiden, denn der Verfasser des Judasbriefes ist in den christlichen Gemeinden sehr geschätzt.

(6) Judas, ein **Bruder Jesu** (Mk 6,3) mit Jakobus, Joses und Simon; ebenso gibt es

Schwestern Jesu, die nicht namentlich genannt werden. Judas nennt sich hier im Brief „Diener Jesu Christi" und „Bruder von Jakobus". Er dürfte der Gesuchte sein! Zwar wird der erste Titel auch von Paulus (Röm 1,1), Timotheus (Phil1,1) und Jakobus (1,1) verwendet. Aber der zweite ist entscheidend: **Bruder von Jakobus** – gerade weil nicht näher gesagt wird, welcher Jakobus es ist. Also muss es für die klar sein, an die sich der Brief wendet.

Dann kann es nur der **allen bekannte** Leiter der Urgemeinde in Jerusalem sein (Gal 1,19), der ein Bruder Jesu war. Paulus nennt ihn „Säule" (Gal 2,9) der Jerusalemer Gemeinde. Viele Jahre war er der Leiter (Apg 12,17). Er präsidierte das Apostelkonzil, das den Eintritt der Heiden erlaubte (Apg 15) und genoss große Autorität in der Christenheit (Gal 2,11.12).

3) Judas folgte seinem Bruder Jesus zunächst **nicht** nach; genauso wenig seine anderen Geschwister oder seine Verwandten. Sie glaubten nicht an Jesu Sendung. Im Gegenteil! Ihnen missfiel es wohl, wenn der ältere Bruder Jesus sich über Moses hinwegsetzte. Markus berichtet, dass sie ihn für verrückt hielten und gewaltsam nach Hause bringen wollten (Mk 3,21).

Nach Jesu Tod und Auferstehung **änderte** die Familie offensichtlich ihre Meinung. An Pfingsten sind sie mit der Mutter Maria bei der Jüngerschar. Paulus weiß von ihnen als Missionare (1 Kor 9,5), auch von ihren Frauen.

4) Mehr wissen wir nicht von Judas. Nach einer alten Tradition predigte er in Palästina und Syrien. Epiphanias (4. Jh.) bestätigt, dass Judas der dritte Bischof in Jerusalem war. Hegesippos (2. Jh.) weiß, dass zwei Enkel des Judas die Kirche Palästinas leiteten. Sie wurden in der Zeit Domitians der Konspiration beschuldigt und nach Rom überstellt. Aber der Kaiser überzeugte sich von ihrer Unschuld und ließ sie laufen.

5) Warum sagt Judas nicht, dass er ein Bruder Jesu ist? Aus Demut? Oder weil er Jesus

früher abgelehnt hat?

6) Manche Exegeten meinen, der Brief sei gar nicht von Judas, vielmehr benütze ein anonymer Autor dessen Namen (>Pseudepigraphie). Gründe dafür:

a) Das elegante Griechisch und die wunderbare Rhetorik

b) V.17 lässt ahnen, dass die Apostel längst gestorben sind, als der Verfasser den Brief schreibt.

c) Erst im 4. Jh. kommt der Brief in den Kanon des NT.

7) Auch wenn wir den Autor nicht kennen, so lässt sich doch Folgendes sagen:

(1) Er ist gläubiger Christ, der sich von Jesus gesendet weiß.

(2) Er kann hebräisch, ist also wohl Jude.

(3) Er schreibt für Christen jüdischen Ursprungs, deshalb: alttestamentliche Namen, apokryphe Bücher (Henoch, Himmelfahrt des Mose, Zwölfpatriarchenbuch), Engel, eher Moral als Doktrin, Judenchrist.

8) Ort der Entstehung ist wohl **Palästina**. Der **Anlass**: Einige Leute haben in der Gemeinde Verwirrung gestiftet. Vielleicht gab es moralische Probleme von Seiten der strikteren Judenchristen gegenüber lascheren Heidenchristen. Deshalb betont der Autor, dass die Gnade Gottes **kein Freibrief** ist für Willkür. So gibt es in 25 Versen über 25 Anklagen gegen die „Revoluzzer".

Aber zuletzt steht über allem die **Barmherzigkeit**. Kein Hass darf sich breitmachen. Die **Würde** jedes Menschen ist zu achten. Auch wenn das Leben uns niederdrückt, auch wenn wir selbst jämmerlich versagen – **wir sind einzig!** Deshalb sät Judas – seinem Meister und Bruder Jesus folgend – Liebe, Verzeihen, Verstehen und Zärtlichkeit. Wer dies sät, braucht keine Angst um die Ernte zu haben.

Warum begleitete Maria Jesus nicht?

1) Als Jesus im Jahr 27 eine religiöse Erneuerungsbewegung in Galiläa gründet, versammeln sich einfache Frauen und Männer um ihn. Sie begleiten ihn 3 Jahre lang, hören seine Botschaft, bewundern seine Heilkraft und freuen sich an seiner zärtlichen Zuwendung zu den Sündern. Sie lernen zu beten, zu verzeihen und auf Gott zu vertrauen. Aus ihnen gehen dann nach seinem Tod und seiner Auferstehung die entscheidenden Missionarinnen und Missionare des Reiches Gottes hervor.

Aber **weder** Jesu Mutter noch seine Geschwister nehmen Teil an dieser Gruppe, obwohl auch Mütter wie Salome, die Mutter des Jakobus und des Johannes (Mt 27,56), oder die Mutter Jakobus des Jüngeren und des Josefs (Mk 15,40) dabei waren. Warum niemand aus Jesu Familie?

2) Offensichtlich ist die Familie **nicht** einverstanden mit Jesu Mission. Maria entstammt wohl einer traditionell jüdischen Familie. Ihre vier anderen Söhne tragen die Namen von Patriarchen (Mk 6,3). Vermutlich ist es für sie eine religiöse **Schande**, dass Jesus das Gesetz des Mose angreift. Sie muss mitansehen, wie Jesus seine Wohnung bei ihr aufgibt, auf Heirat und sichere Arbeit verzichtet und sozusagen Vagabund wird. Er ist mit seltsamen Leuten zusammen, darunter Bettler, Verrückte, Dämonisierte, Dirnen, und predigt vom Reich Gottes im Gebiet des gefährlichen Herodes Antipas.

3) Maria begreift erst **nach** seinem Tod, wer Jesus eigentlich ist. So können wir auch bestimmte Textstellen im NT verstehen, in denen Maria dem Verhalten Jesu nicht zustimmt.

4) Eine **dramatische** Szene ist Mk 3,20.21. Jesu Familie erklärt ihn für „verrückt" und will ihn gewaltsam heimholen. Dann brüskiert Jesus seine Blutsfamilie, indem er die,

die ihm zuhören, als Familie bezeichnet. Wir wissen nicht, ob es ihn geschmerzt hat, dass ihn seine Familie für verrückt erklärt. Aber weder kommt die Familie ins Haus herein – will sie sich nicht unrein machen? - noch geht er zu ihr hinaus. Maria hat vermutlich diese Haltung Jesu nicht verstanden.

5) Andere Szenen bestätigen ebenfalls, dass Maria **verwirrt** ist über Jesus. Lukas erzählt bereits in der Geburtsgeschichte Jesu, dass Maria erstaunt ist über die Worte der Hirten. Als Simeon 40 Tage später Jesus preist, ist Maria erneut erstaunt, als wüsste sie überhaupt nichts von der Bedeutung des Kindes.

6) Die Rede vom **Schwert**, das Jesus bringt, zeigt bei Lukas (12,51-53) Zwietracht zwischen Familiengliedern an, bei Matthäus ebenso (10.34). **Familienkrisen** löst Jesus aus, auch in der eigenen Familie. In der Geschichte vom 12jährigen Jesus (Lk 2,41-52) spüren wir die absolute Unabhängigkeit Jesu von den Eltern. Auf Marias Vorhaltungen geht Jesus überhaupt nicht ein. Die Eltern verstehen nicht, was mit Jesus los ist. Auch wenn die Szene kaum historisch ist, sondern eine Vorwegnahme von Tod und Auferstehung bedeutet (vgl. „Schatzkiste" 1, S. 69), sehen wir das **familiäre Unverständnis**.

7) Andere Worte sind eine **indirekte** Botschaft: die Zuhörerin, die Jesu Mutter preist, wird abgefertigt durch Jesu Korrektur (Lk 11, 27.28). Als Jesus in der Synagoge von Nazareth kritisiert wird, spricht er vom verkannten Propheten in der Heimat (Mk 6,1-4). Ihm nachzufolgen ist wichtiger als familiäre Liebe (Mt 10,37). Aus all dem sehen wir, dass Maria in keiner Weise am öffentlichen Leben Jesu Anteil nimmt.

8) Bei der Kreuzigung erwähnt nur Johannes die Mutter Jesu, die symbolisch für die christliche Gemeinde steht (vgl. „Schatzkiste" 4,82).

9) Fazit: Maria kennt Jesu Bedeutung zu seiner irdischen Lebenszeit nicht. Als er

öffentlich auftritt, ist das für Maria eher schmerzhaft. Jesus verletzt grob die Familienehre, als er eine neue Familie derer, die ihm nachfolgen, gründet. Erst nach seinem Tod **erkennt** Maria seine Bedeutung und wird Teil der ersten Gemeinde.

Was geschah bei der Verklärung Christi?

1) Außer den Evangelien berichtet 2 Petr 1,17.18 von diesem Ereignis. Was geschah da und warum sollen die drei Jünger niemand davon erzählen?

2) **Markus** ist der Erste, der davon berichtet (9,2-10). Nach seinem Zeugnis tut Jesus viele Wunder, die Scharen folgen ihm und die Jünger bewundern ihn. Dann aber beginnt Jesus plötzlich, von seinem **Leiden** zu erzählen. Unverständlich für die Jünger! Nun wird durch die Verklärung deutlich, dass Jesus zwar leiden muss, dass er aber nach drei Tagen auferstehen wird. Das ist **neu** für die Jüngerschaft, denn von der Auferstehung einer **einzelnen** Person spricht im Judentum bisher niemand. Folglich nimmt die Verklärung Jesu Auferstehung vorweg.

Markus kennt wohl nicht die Überzeugung, dass Jesus gottgleich ist. Im Philipperhymnus spricht Paulus davon (Phil 2,6), ebenso weiß das Johannesevangelium davon.

3) Warum „6 Tage danach"? Weil Markus zeigen will: Jetzt ist der **7. Tag** da, der Sabbat. Jetzt erfüllt sich Ezechiels Vision (Kap. 37), die eine allgemeine Auferstehung am Ende der Tage erwartete und überzeugt war, dass dies an einem Sabbat geschehen wird.

4) Die Verklärung geschieht auf einem **Berg**, um die Verheißung des Jesaia (25, 6.7.10) zu erfüllen. Mit den Einzelheiten wird der Talmud erfüllt; nach ihm trug Adam im Paradies solch ein leuchtendes Gewand, das durch die Sünde verdunkelt wurde, aber bei Jesu Auferstehung wieder leuchten wird.

5) Warum Mose und Elija? Manche sagen: sie stehen für die Thora und die Propheten! Oder andere: Beide haben den Tod besiegt. Denn die Grabstätte des Mose ist ein Geheimnis, somit ein Zeichen, dass der Tod besiegt ist, und Elija fuhr im Feuerwagen

zum Himmel.

6) Der Vorschlag des Petrus, drei **Hütten** zu bauen, erinnert an eine jüdische Tradition: einmal im Jahr beim Laubhüttenfest pflegten die Juden, im Haus ein kleines Zelt zu errichten und einige Tage darin zu bleiben. Sie waren der Ansicht, dass am Ende der Tage die Erwählten Gottes in Zelten wohnen (Sach 14,16-21; Apk 7,14.15). Petrus meint also, das Ende der Tage sei gekommen.

Aber Petrus irrt sich. Darum kommt eine Wolke und bedeckt Mose und Elija. Nur Jesus leuchtet noch. Die göttliche Stimme ertönt und bestätigt die Sendung Jesu.

Freilich sollen die Jünger erst nach der Auferstehung Jesu erzählen, was ihnen widerfahren ist.

7) **Matthäus** fügt 10 Jahre nach Markus Änderungen in seine Version ein: Nicht nur das Gewand, nein, Jesu Antlitz leuchtet! Damit erinnert Mt seine judenchristlichen Hörer an das Leuchten des Mose, als er vom Berg Horeb kommt (Ex 34,29). Freilich: Jesu Antlitz leuchtet, **bevor** Gott spricht, bei Mose war es danach. Außerdem nennt Mt Mose **vor** Elija, er ist für ihn wichtiger. Das Leuchten deutet hin auf die leuchtende Wolke beim Exodus, das Zeichen der Präsenz Gottes (Num 9,15).

Dann sagt Petrus nicht „Rabbi", sondern „Herr". Außerdem „Wenn du willst..." - ein Hinweis auf Petri Respekt. Das „Er wusste nämlich nicht, was er sagen sollte" (Mk 9,6) lässt Mt weg, um Petrus mehr zu würdigen. Außerdem wird Jesu Gestalt königlicher: „...an dem ich Gefallen gefunden habe". Die Jünger fallen schließlich zur Erde mit dem Antlitz nach unten; damit erinnert Mt an eine Vision des Daniel (Dan 8,14).

8) **Lukas** schreibt sein Evangelium zur selben Zeit wie Matthäus. Auch er ändert manches (Lk 9, 28-36). „Ungefähr 8 Tage später" - das heißt für das römische Ambiente: etwa 1 Woche später. Lk hat nicht die Auferstehung im Blick. Jesus steigt auf den Berg, um zu beten. Da überrascht ihn und seine Begleiter die Verklärung.

Die Begleiter sehen nichts, aber Jesus sieht Mose und Elija. Sie ermutigen ihn, sich dem Tod zu stellen, da das Ende nicht der Tod sein wird, sondern das Leben bei Gott. Jesus ist nicht der „geliebte" Sohn, sondern der „erwählte". Sein Tod ist nicht eine Panne, sondern seine besondere Mission.

9) Bei Mk und Mt ist die Verklärung ein Geschenk Jesu an seine Jünger, bei Lk ein Geschenk Gottes an Jesus. Mk und Mt wollen den Glauben der Jünger an den Auferstandenen stärken; bei Lukas wird Jesus gestärkt im Blick auf seinen Tod.

10) Hat die Verklärung einen **Anhaltspunkt** in Jesu Leben? Jesus weiß um seine Mission, die Gott ihm aufgetragen hat. Aber die Schwierigkeiten in Galiläa, die geringe Jüngerzahl, der pharisäische Widerstand und die wachsende Zahl von Gegnern bringen Jesus dazu, seine Mission zu überdenken. Er zieht sich mit 3 Jüngern auf einen Berg zurück. Dort hat er eine **Erleuchtung**. Er weiß nun, dass er nach Jerusalem muss. Diese Entschlossenheit verändert sein Gesicht, und die Jünger sehen diese Veränderung. Jahre später wird dieses Erlebnis als Schlüsselerlebnis Jesu verstanden.

11) Wir sehen: Weil Gott das Leben liebt, ist der Tod nicht das Ende. Wir sind bestimmt zum Leben, zur Hoffnung, zur Auferstehung.

Wo ist der Tränenbrief des Paulus?

1) Im 2. Korintherbrief (2,3.4) weist Paulus die Korinther auf einen Brief hin, den er unter vielen **Tränen** geschrieben habe. Noch weitere vier Male erwähnt er ihn (1,13; 2,9; 7,8.12). Es kann nicht der uns erhaltene 1. Korintherbrief sein, denn dort ist von einer Bedrängnis des Paulus keine Rede. Steckt der Tränenbrief in 2 Kor?

2) 2 Kor besteht aus **4 Teilen**: 2,13 endet mit der Angst des Paulus. 2,14 spricht dagegen von Freude. Dann schließt 7,5 unmittelbar an 2,13 an, folglich ist 2,14 bis 7,4 ein eigener Brief.

In Kap. 8 spricht er von der Kollekte für Jerusalem, in 9,1 nochmals! Aber in 8 spricht er zu den Korinthern, in 9 zu den Achaiern. Folglich ist auch Kap. 9 ein eigener Brief.

In **Kap. 10-13** ändert sich wieder der Stil. Paulus spricht jetzt leidenschaftlich, ja zornig. Ist das der Tränenbrief?

Haben wir bereits in **1 Kor 2 Teile** (A+B), wie die Exegese gefunden hat (vgl. Schatzkiste 3,111), so in **2 Kor 4 Teile: C** (2,14-7,4), **D** (10-13), **E** (1,1-2,13 und 7,5-8,24), **F** (Kap.9). Was geschah in Korinth, dass Paulus so oft über verschiedene Themen mit den Christen dort sich ausspricht – teilweise sehr emotional?

3) Die **Beziehung** des Paulus zur Gemeinde in Korinth ist äußerst **gespannt**. Die Korinther haben ihn schlecht behandelt. Trotz seiner Zuwendung verachten sie ihn, ja, verklagen ihn sogar als Dieb. Auch wenn ihr Herz bitter ist, das des Paulus ist voller Liebe.

Paulus vergilt nicht Gleiches mit Gleichem - getreu der Goldenen Regel der Bergpredigt: „Was du willst, das dir die Andern tun, das tu du ihnen" (Mt 7,12). Wenn andere uns beschimpfen und beleidigen, können wir in der Jüngerschaft Jesu nicht mit gleicher Münze heimzahlen, sonst haben wir das Evangelium nicht verstanden.

Ein argentinischer Refrain sagt: „Das Meer ist größer als alle Flüsse, weil es sich ein wenig tiefer postiert hat als sie, um ihre Wasser zu empfangen."

4) Zunächst anerkennen ihn die Korinther nicht als richtigen Apostel, bezichtigen ihn ungenügender Bildung und werfen ihm Unterschied zwischen Lehre und Praxis vor, ebenso mangelnde Spiritualität und fehlende Wunderkraft. Im **C-Brief** weist er diese Kritik zurück. Seine „Auszeichnungen" bestehen nicht in Wundern, sondern in Hunger, Gefängnis und Geißelung. Im Juni 54 überbringt **Timotheus** diesen Brief.

Dieser kehrt mit schlechten Nachrichten zurück. Nicht nur andere Missionare, sondern die Gemeinde selbst kritisiert Paulus und beleidigt sogar Timotheus. Paulus beschließt, selbst nach Korinth zu reisen.

Aber es wird noch schlimmer. Sie beschuldigen ihn sogar, die Kollekte für Jerusalem veruntreut zu haben. Paulus reist nach **Ephesus** und schreibt dort den **D-Brief**; das ist der **Tränenbrief.** Wut und Schmerz sprechen aus diesem Brief. Er bezeichnet die anderen Missionare als falsch und dumm, ja als Satansdiener. Er tadelt die Korinther, dass sie sich solch törichten Predigern zugewandt haben und zählt auf, was er um Christi Willen alles erlitten hat. **Titus** überbringt den Brief im Oktober 54.

5) In Ephesus erlebt Paulus den Aufstand der Silberschmiede gegen ihn und seine Gefährten (Apg 19, 23-40). Zum Glück interveniert ein befreundetes Ehepaar. Paulus kommt aus dem Gefängnis frei, muss aber die Stadt verlassen. In Troas hofft er Titus zu treffen. Vergeblich! Er setzt über nach Mazedonien. Dort trifft er Titus, der eine **gute** Nachricht für ihn hat: Die Korinther haben ihre Schuld eingesehen.

Voll Freude schreibt Paulus den **E-Brief**, den „Brief der Versöhnung". Ein wunderbarer Brief! Titus und zwei weitere Brüder überbringen den Brief mit Anweisungen für die Kollekte. Gleichzeitig gibt Paulus einen Brief mit für die Gemeinde in Achaia betreffs der Kollekte: der **F-Brief.**

6) Vermutlich hat am Ende des 1. Jh. ein uns unbekannter Autor dann die Briefe

zusammengefasst: A+B > 1 Kor, C-F > 2 Kor. Er hat wohl auch 6,14-7,1 eingefügt, denn dies ist weder der Stil des Paulus noch seine Haltung.

Entscheidend ist, dass die Korintherbriefe ein bewegendes Zeugnis des Apostels Paulus sind.

Die Kreuzesinschrift

1) **INRI** -Jesus Nazarenus Rex Judaeorum. Nach Joh 19,19.20 ist das die Inschrift auf dem Kreuz – in 3 Sprachen, angeordnet durch Pilatus. Wir haben 4 Fassungen: „Der König der Juden" (Mk 15,26), „Dies ist Jesus, der König der Juden" (Mt 27,37), „Dies ist der König der Juden" (Lk 23,38), „Jesus, der Nazarener, der König der Juden" (Joh 19,19).

Auch wenn solche Inschriften bekannt sind (vgl. Tacitus, Sueton), ist es schwer vorstellbar, dass die ersten Christen Jesus „König der Juden" genannt haben, denn dies wäre ein gefährlicher Titel. Folglich müssen die Römer Jesus so genannt haben.

2) Das **erste** Zeugnis dieser Inschrift gibt uns **Markus** (15,26). Die Inschrift beschreibt die Anklage: „der König der Juden". Jesus selbst predigt aber das Reich Gottes. Offensichtlich ist dies gefährlich für das Römische Reich. Deshalb lässt Pilatus ihn als **politischen** Aufrührer kreuzigen. Die Inschrift ist also keine Verhöhnung, sondern eine Tatsache.

3) **Matthäus** fügt 10 Jahre später zwei Dinge hinzu: „die Soldaten" und „über seinem Haupt". Dann ist es wohl nicht das gewöhnliche **Kreuz** mit Stamm und Querbalken oben drüber in Form eines T, sondern der Querbalken sitzt etwas tiefer, damit die Inschrift Platz hat. Erstaunlich, weil dies nicht die römische Art ist.

Außerdem sagt die Inschrift hier: „Dies ist Jesus". Jesu Name bedeutet: „Gott rettet!" Damit erinnert Mt daran, dass Jesu Geburt dem Josef so angekündigt wird: „Du wirst ihm den Namen Jesus geben" (Mt 1,20.21). Mt erwähnt den Namen Jesus 150x in seinem Evangelium – so oft wie kein anderer Evangelist. Jesus hat also am Kreuz seine **Mission** vollendet, die ihm bereits vor seiner Geburt aufgetragen ist.

„Dieser ist..." bedeutet bei Mt: ein **göttlicher** Auftrag (vgl. Taufe und Verklärung). Dreimal bezeugt der Evangelist damit den göttlichen Ursprung der Mission Jesu. Die schändliche Inschrift wird so zur Heilsbotschaft. Deshalb muss die Inschrift auch über dem Haupt Jesu sein, der Auftrag ist „von oben" gegeben.

4) Bei **Lukas** könnte „über ihm" bedeuten: über dem Haupt Jesu oder über ihm, dh. an seinem Hals. Lk nennt nicht Jesu Namen, für ihn ist **Jesu Königtum** entscheidend. In der Verkündigungsgeschichte hat der Engel Maria dieses Königtum angekündigt (1.32). Als Jesus dann auf dem Esel in Jerusalem einreitet, proklamieren ihn die Leute als König (19,38). Lk betont dies als Einziger der drei Synoptiker. Ebenso, dass einer der Mitgekreuzigten ihn „König" nennt.

5) **Johannes** ist der ausführlichste (19,19-22). Er stellt Pilatus als persönlich Handelnden dar, was wohl eine feine Ironie des Evangelisten ist. Der persönlich anwesende Pilatus bezeugt das Königtum Jesu.

Er nennt Jesus „den Nazarener", weil **kaiserliche** Dekrete immer den familiären Ursprung bezeugen. Jesus besitzt also kaiserlichen Anspruch.

Dies bezeugen auch die **3 Sprachen.** Römische Soldaten würden sich um einen Juden nicht so bemühen. Aber kaiserliche Dekrete sind mehrsprachlich. Hebräisch: die heilige Sprache der Juden, Lateinisch: die amtliche Sprache, Griechisch: die Sprache der Heiden. Jesus wird so zum König für **alle** Nationen erklärt. Er ist der Messias der Menschheit. So erfüllt sich Jesu Wort: „...ich werde alle an mich ziehen" (Joh 12,32).

Auch die Vorübergehenden denken nach über den neuen König.

Die Szene endet mit einem **Disput** zwischen Pilatus und den Hohepriestern: „Was ich geschrieben habe..." Natürlich ist auch diese Szene gestellt, denn die Hohepriester gehen nicht am Vorabend des Sabbats auf einen Hinrichtungsplatz. Wiederum eine Ironie des Evangelisten über die wahre Reinheit! Denn die Hohepriester machen sich doch nicht unrein durch den Besuch bei einem Verbrecher!

Pilatus ist nicht mehr ängstlich, er steht jetzt zu seinem Tun. Deshalb ändert er auch die Inschrift nicht.

6) Die Evangelisten stimmen wörtlich nicht überein, weil sie eine verschiedene Botschaft haben: Markus proklamiert den Märtyrer Gottes, Matthäus den Heiland seines Volkes, Lukas den König Israels, Johannes den Kaiser der Welt.

Wieder einmal sehen wir: das Evangelium ist keine Biographie Jesu, sondern eine **Gute Nachricht** für uns. Sie ermutigt uns, an die Kräfte zu glauben, die Gott uns geschenkt hat. Wir sind einzig! Wir haben ungeahnte Energien in uns zu denken, zu heilen, zu lieben. Wir sind nicht eine Kohle, von der nur Asche übrig bleibt, sondern ein Diamant.

Maria und das Magnifikat

1) Lukas erzählt die wunderbare Begegnung zwischen Elisabeth und Maria mit dem bewegenden **Lobpreis** Mariens auf die Taten Gottes (Lk 1,46-55). Es ist nur erstaunlich, dass dieses „Magnifikat" in keiner Weise auf die Begegnung der zwei schwangeren Frauen anspricht. Der Name dieses Hymnus kommt von der lateinischen Übersetzung des Anfangs: magnificat anima mea dominum – meine Seele hochschätzt den Herrn.

2) Das Magnifikat ist ein Lobpreis, ähnlich wie die Psalmen. Im ersten Teil spricht Maria von dem, was künftige Generationen von ihr sagen werden. Der zweite Teil spricht die Geschichte Israels an. Jeder Satz bezieht sich auf ein Zitat des AT.

3) Da Maria ein Mädchen von etwa 13 Jahren ist, wird klar, dass ihr jemand diese kunstvollen Worte in den Mund legt. Hat Lukas selbst dieses wunderbare Lied komponiert, wie Adolf von Harnack um 1900 gemeint hat?
Warum sagt der Lobpreis dann nichts von den **Kindern** im Bauch der beiden Mütter? Dies lässt uns doch an der Autorschaft des Lukas Zweifel anmelden. Er hätte doch bestimmt auf die beiden Kinder verwiesen, denen er ja in seinem Evangelium wegweisende Rollen übergibt. Das zeigt sich bereits in den beiden **Kindheitsgeschichten** des Täufers und Jesu, die Lukas einander gegenüberstellt.
Maria spricht dagegen im Magnifikat von Gottes Taten in der **Vergangenheit**, ohne auf die künftigen Gestalten Johannes und Jesus zu verweisen.

4) Nur in 1,48 weist die „Magd" auf die Verkündigungsszene hin, wie das „Glücklich" auf Elisabeth (V.45) deutet. Dann hat Lukas in seiner Genialität die Zitate des AT verbunden mit Annas „Demut der Dienerin" (1 Sam 1,11) und Leas Glückseligpreisung (Gen 30,13).

5) Vielleicht hat Lukas das Magnifikat in einer christlichen Gemeinde **vorgefunden** und dann seinem Bericht vom Besuch Mariens bei Elisabeth eingefügt. Dann lösen sich 4 Probleme: 1. Maria kann als 13jährige schwerlich so spontan diese Zitate zusammentragen. 2. Die Einfügung geschieht später in die Begegnungsgeschichte. 3. Deshalb bezieht sich der Lobpreis auch nicht auf die Begegnung der schwangeren Frauen und ihrer Kinder. 4. Das Handeln Jesu kann als vergangenes erscheinen, weil der Text nachösterlich ist.

6) Es wird wohl eine **judenchristliche** Gemeinde gewesen sein, in der das Magnifikat entstanden ist. Vielleicht war es ursprünglich aramäisch oder hebräisch und wurde dann ins Griechische übersetzt. Kein Wunder, wenn dann mehrere Gemeinden dieses literarisch und theologisch kunstvolle Werk übernommen haben!
Die Judenchristen hatten noch keine profunde Christologie. Das Heil konzentrierte sich noch nicht auf Jesus, sondern auf Gott. Aber sie anerkannten Jesus als Messias.

7) Warum fügt Lukas diesen Hymnus gerade beim Besuch Mariens im Haus von Elisabeth und Zacharias ein? Maria ist für Lukas die erste große **Schülerin** Jesu, als es noch keine Christenheit gegeben hat. So wird das Magnifikat auf den Lippen Mariens zur großen Ankündigung dessen, was ihr Kind einst bewirken wird. Als Schlüssel dafür sieht Lukas den Glauben Mariens. Gott wird sein Heil an den Menschen verwirklichen. So preist Marias nachösterlicher Glaube den Gott, der dies in Jesus Christus bewirkt hat.

Hölle...1,23

Hoheslied der Liebe...1,10

Homosexueller...2,46

Isebel...2,23

Jahwe oder Jehova?...2,110

Jahwes Ehefrau...2,52

Jakobusbrief...2,34

Jerusalem...3,117 (Tempelbau); 4,38 (Eroberung); 4,84 (Jesu Einzug)

Jesu Existenz beweisbar?...2,56

    Stammbaum...3,27

    Geburt...1,32; 1,106; 1,109; 4,44

    Großeltern...4,4

    Himmelfahrt... 4,32

    Jüngerinnen...4,27

    Kindheit...1,43; 1,69; 1,118; 4,34 (Schweigen von Mk und Joh!)

    Letztes Abendmahl...4,62

    Sprache...3,35

    Gefangennahme...2,7; 2,115; Kreuzesinschrift....4,102; Mitgekreuzigte...2,96

    Tod...1,72; Erdbeben...4,16; 4,46 (Alter)

    Verklärung...4,96

    Wunder...1,3; 1,36; 2,32 (Aussätziger); 2,46; 2,54; 2,69; 3,73 (Münze im Fisch); 4,36

Jesus ärgert sich...2,32; vom Teufel versucht...3,39

    ging übers Wasser?...2,83

    misslang ein Wunder?...2,69